Jean-Paul Confais

Grammaire explicative

Übungen
zur französischen Grammatik
für Leistungskurs
und Studium

Max Hueber Verlag

Dr. Rickerl

1. Auflage

6. 5. 4. | Die letzten Ziffern
1987 86 85 84 83 | bezeichnen Zahl und Jahr des Druckes.
Alle Drucke dieser Auflage können, da unverändert, nebeneinander benutzt werden.

Gesamtherstellung: Druckerei Auer, Donauwörth
Printed in Germany

ISBN 3-19-023136-2

Vorwort

Dieses Übungsbuch ist das Begleitwerk zur *Grammaire explicative – Schwerpunkte der französischen Grammatik für Leistungskurs und Studium,* kann aber durchaus unabhängig von ihr benutzt werden.
Die Schwerpunkte sind die gleichen wie in der *Grammaire explicative.* Lediglich in der Anordnung der Kapitel gibt es geringfügige Abweichungen: das Kapitel über das Verb entfällt (Anleitungen für Übungen dazu sind in der *Grammaire explicative* schon gegeben worden), und die Wortstellungsprobleme (Adjektiv, Adverb, Satzbau) sind in einem Kapitel zusammengefaßt.
Wie in der *Grammaire explicative* steht das **kognitive** Element im Vordergrund. Es werden deshalb keine Drillübungen angeboten, sondern solche, die den Benutzer zum Mitdenken anregen und ihm helfen, Sinn und Funktion der jeweiligen Struktur besser zu verstehen. Das kann allerdings nur dann gelingen, wenn Stil und Inhalt der Übungen den Benutzer nicht entmutigen: Grammatik muß nicht trocken und öde sein. Deshalb wurde das Buch so gestaltet, daß es in der Anwendung möglichst angenehm und freundlich ist.
Durch das umfangreiche **Wort- und Sachregister** kommen weitere Anwendungsmöglichkeiten hinzu. Mit Hilfe des Registers lassen sich leicht Übungssätze für spezielle Probleme finden (z. B. Modus nach *comprendre que,* Stellung eines bestimmten Adverbs, Übersetzung von *erst,* Gebrauch von *avoir* und *être* bei *passer,* usw.). Darüber hinaus wird das Übungsbuch – allerdings nur in Verbindung mit dem Schlüssel – zu einer umfangreichen **Beispielsammlung,** die für zahlreiche Zwecke verwendet werden kann (als Ergänzung zur *Grammaire explicative,* beim Verfassen eines Aufsatzes, beim Übersetzen, usw.).

In den Kapiteln, wo dies angemessen erscheint, werden die Übungen nach Problemen geordnet. Am Schluß des Kapitels werden dann **«gemischte Übungen»** angeboten, die als zusammenfassender Kontrolltest dienen können und zudem das Erkennen von Problemen und somit die Transferfähigkeit trainieren sollen. Dasselbe gilt für das abschließende Kapitel 18, das nur gemischte Übungen enthält.

Die Auswahl der Übungstypen (Einsetz-, Transformations- und Übersetzungsübungen) ist auf das jeweilige Kapitel abgestimmt. Der Anteil der Übersetzungsübungen ist nicht nur deshalb so groß, weil Kontrastivität immer mehr an Ansehen gewinnt (vgl. die hervorragende, 1978 erschienene *deutsch-französische kontrastive Grammatik* von Jean-Marie Zemb), sondern auch, weil eine vernünftige kontrastive Sprachbetrachtung in der Tat den Blick für den Unterschied schärft und die Einsicht in den Systemcharakter der Sprache fördert. Hinzu kommt natürlich, daß gezielte Überset-

zungsübungen zum Mitdenken anregen und die Transferfähigkeit festigen helfen.
Wie in der *Grammaire explicative* liegt der Schwerpunkt auf dem (geschriebenen und gesprochenen) **Standardfranzösisch,** mit angemessener Berücksichtigung anderer Register. Die Übungen enthalten keine lexikalischen Schwierigkeiten: schwierigere Wörter, vor allem in Übersetzungsübungen, werden immer angegeben. Auf eine Einstufung der Übungen nach dem Schwierigkeitsgrad wurde verzichtet, weil sich der Kenntnisstand eines Oberstufenschülers bzw. Studenten nicht global feststellen läßt. Meistens jedoch steigt der Schwierigkeitsgrad der einzelnen Übungen innerhalb eines Kapitels leicht an; als besonders schwierig ist das letzte Kapitel einzustufen. Soll das Buch im Unterricht eingesetzt werden, so kann der Lehrer den Schwierigkeitsgrad der einzelnen Übungen am besten beurteilen und eine entsprechende Auswahl treffen.
Der **Schlüssel** enthält nicht nur die Lösungen (gegebenenfalls mit Varianten), sondern auch Verweise auf die jeweiligen Paragraphen in der *Grammaire explicative* und wenn nötig zusätzliche Erklärungen. Da das Übungsbuch sowohl für das Selbststudium als auch für den Einsatz im Unterricht bestimmt ist, sollte den Lehrern die Entscheidung darüber überlassen werden, ob ihre Schüler mit oder ohne Schlüssel arbeiten dürfen. Deshalb kann der Schlüssel nur über den Verlag bezogen werden (Postkarte mit Stempel der Schule bzw. der Universität).

Regensburg, Juni 1979 Jean-Paul Confais

Inhalt

1–2 Die Hilfsverben *avoir* und *être*. Die Veränderlichkeit des Partizips Perfekt.

Complétez les phrases suivantes en introduisant l'auxiliaire manquant (au présent, sauf indication contraire) et accordez le participe passé dans les cas où c'est nécessaire:

1

1. Bouzigue . . . *glissé* sur le tapis en descendant du lit et sa tête . . . *heurté* le coin de l'armoire. Il . . . *été transporté* à l'hôpital.
2. Depuis dix ans, le prix du pétrole . . . fortement *augmenté.*
3. Ce matin, ma voiture . . . *démarré* sans problème, bien qu'elle . . . *passé* la nuit dehors.
4. Comment va votre fils? – Beaucoup mieux, le docteur . . . *passé* hier après-midi, et la fièvre . . . déjà *baissé.*
5. . . . -vous *été* souvent à Paris? . . . -vous déjà *monté* sur la Tour Eiffel?
6. Les quelques heures que j(e) . . . *dormi* m'ont fait du bien.
7. Elle ne s(e) . . . pas encore *rendu* compte que je m(e) . . . *laissé* pousser les moustaches.
8. Le litre de super . . . *passé* de 3F75 à 3F85.
9. Elle . . . *échoué* à presque tous les examens qu'elle . . . *passé* cette année.
10. C'est étrange, la caisse de champagne que j(e) . . . *descendu* hier à la cave . . . *disparu.*

2

1. Quand j(e) . . . *arrivé,* j(e) . . . *constaté* que la ville . . . beaucoup *changé (Plus-que-parfait).*
2. Tout l'équipage . . . *péri* dans un naufrage.
3. Dix ans . . . déjà *passé* depuis que sa femme . . . *décédé.*
4. La pièce de théâtre que tu nous . . . *conseillé* d'aller voir ne m(e) . . . pas *paru* excellente.
5. Je m(e) . . . *acheté* un télé-objectif et je ne regrette pas les 1000 francs qu'il m(e) . . . *coûté.*
6. Ils s(e) . . . *rencontré,* ils s(e) . . . *souri* et quelques mois plus tard, ils s(e) . . . *marié.*
7. Nous n(e) . . . pas *parvenu* à retrouver la pension que vous nous . . . *recommandé (Plus-que-parfait).*
8. Quand la guerre . . . *éclaté,* il avait tout juste 20 ans.
9. Les premiers symptômes de la maladie . . . *apparu* il y a un mois. Depuis, son état . . . *empiré* à vue d'œil.
10. La maladie . . . *progressé* rapidement.

3 1. La route m(e) . . . *semblé* beaucoup plus longue que d'habitude.
2. Pourquoi vous . . . -vous *coupé* les moustaches?
3. Elle m(e) . . . *paru* très déprimée.
4. J'aimerais écouter les disques que tu t'. . . *acheté* hier.
5. Un nouveau roman . . . *paru* la semaine dernière aux éditions Gallimard.
6. Cela fait déjà plus d'un an que je n(e) . . . pas *retourné* en France.
7. Il . . . *retourné* les poches de son pantalon pour nous montrer qu'il n'avait vraiment plus d'argent.
8. Bouzigue . . . *décidé* d'écrire toutes les aventures qu'il . . . déjà *vécu.*
9. Elle . . . *décidé* à ne pas se laisser faire.
10. L'avion contenant les terroristes . . . *atterri* à Alger, où il . . . *resté* une heure, le temps de faire le plein de carburant. Puis il . . . *reparti* pour une destination inconnue.

4 1. Les maux de tête . . . *persisté* très longtemps après l'accident. Ils n(e) . . . vraiment *disparu* qu'au bout de deux ans.
2. Qu'avez-vous fait de la lettre que je vous . . . *demandé (Plus-que-parfait)* de mettre à la poste?
3. J(e) . . . *sorti* sans qu'elle s'en . . . *rendu* compte.
4. Nous ne nous . . . pas *aperçu* tout de suite que l'objet que l'individu . . . *sorti (Plus-que-parfait)* de son sac était un revolver.
5. Les rosiers que la voisine m' . . . *aidé* à planter l'année dernière . . . déjà bien *poussé.*
6. Votre fille . . . beaucoup *grandi* depuis la dernière fois: elle . . . presque *devenu* une demoiselle!
7. Il m(e) . . . *semblé* que la voiture que j'avais *entendu* démarrer était une 2CV.
8. As-tu regardé si les enfants s'. . . bien *lavé (Plus-que-parfait)* les mains avant de se mettre à table?
9. Nous nous . . . rarement *revu,* mais nous nous . . . *écrit* souvent.
10. Les deux ans qu'elle . . . *vécu* à l'étranger l'ont complètement *changé.*

5 1. Tous les gens que j'ai *voulu* inviter n'étaient pas libres.
2. La robe qu'elle s(e) . . . *fait* faire est horrible. Et en plus, elle lui . . . *revenu* deux fois plus cher que si elle l'avait *acheté* dans un magasin.
3. Les voisins . . . *rentré* de vacances, je les ai *vu* arriver tout à l'heure.
4. Je crois qu'il va bientôt pleuvoir. . . . -tu *rentré* le linge?
5. Sur cette route, il s(e) . . . déjà *produit* beaucoup d'accidents graves.
6. Elle s(e) . . . *laissé* insulter sans rien dire.
7. Nous . . . *passé* une soirée merveilleuse. Malheureusement, comme toujours dans ces cas-là, le temps . . . *passé* trop vite.
8. Pour aller à Paris, nous n(e) . . . pas *passé* par l'autoroute.

9. L'avion . . . *décollé* (starten) avec plus d'une heure de retard.
10. Quand je pense à tous ces vieux quartiers qu'on a *laissé* détruire, cela me rend triste.

6 1. Tu ne peux pas savoir toute la patience qu'il nous . . . *fallu.*
2. Les travaux que nous avons *dû* faire nous ont coûté une fortune./Les travaux que nous avons été *obligé* de faire . . .
3. Nous . . . *roulé* trente kilomètres sans rencontrer de station-service.
4. Il . . . *devenu* rédacteur en chef du journal et l'. . . *resté* jusqu'à l'âge de soixante-dix ans.
5. Je les ai *vu* sortir de la banque: ils . . . *couru* jusqu'au bout de la rue et . . . *disparu.*
6. Le conducteur . . . *freiné,* mais la voiture . . . *dérapé* et . . . *entré* dans un arbre.
7. Les gangsters . . . *sauté* dans un taxi et l'inspecteur les . . . *suivi.*
8. Nous nous . . . *donné* rendez-vous pour dimanche prochain.
9. Elle ne s'. . . pas assez *méfié* de lui.
10. La distance que nous . . . *parcouru* m' . . . *paru* interminable.
11. C'est une pièce excellente, que j'ai déjà *vu* jouer trois fois.

7 1. Elle . . . *nagé* pendant une heure, puis ses forces . . . *lâché* et elle . . . *coulé.*
2. Pour rédiger leur scenario, les auteurs s(e) . . . *servi* de toutes les lettres que George Sand et Chopin s(e) . . . *écrit.*
3. Les gangsters . . . sans doute *pénétré* dans la banque par une bouche d'aération.
4. Il paraît que Bouzigue . . . *divorcé* le mois dernier.
5. Les voix que j'ai *cru* entendre provenaient en fait de la radio.
6. Les journalistes s(e) . . . *vu* interdire l'accès au bâtiment.
7. Tous les risques que nous . . . *couru* ne nous . . . *servi* à rien.
8. Le camion . . . *tourné* à gauche sans mettre son clignotant.
9. La commode que j'aurais *aimé* acheter était déjà vendue.
10. La liste des crimes qu'il a *avoué* avoir *perpétré* est longue.
11. J(e) . . . *marché* aussi vite que j'ai pu, mais le bus . . . déjà *passé (Plus-que-parfait).*

3 Die Zeiten der Vergangenheit

Mettez les infinitifs à l'imparfait ou au passé simple:

8 Le retour de Fernand

Le commissaire Albert Latuile *rêver*[1] tendrement de Fabienne, sa charmante secrétaire à la P. J.*, lorsqu'il *être*[2] brutalement réveillé par la sonnerie stridente du téléphone. Il lui *falloir*[3] quelques secondes pour émerger de la douce chaleur du sommeil. Il *jeter*[4] un coup d'œil au réveil: il *être*[5] à peine six heures. Puis il *décrocher*[6] le récepteur tout en grommelant un juron *(Fluch)* à l'adresse de celui qui *oser*[7] le réveiller à une heure aussi matinale.
– Ouais?
– Allô patron? C'est moi, Leblair.

Gaston Leblair *être*[8] un jeune inspecteur qui *travailler*[9] depuis peu au service du commissaire Latuile. Il *avoir*[10] été chaudement recommandé par quelque haut fonctionnaire de l'Intérieur *(= ministère de l'Intérieur)* et malgré son jeune âge, on l'*avoir*[11] nommé inspecteur à la P. J. Tout de suite, il *avoir*[12] déplu à Latuile qui, pour lui montrer à qui il *avoir*[13] affaire, l'*avoir*[14] envoyé surveiller dans la rue Gay-Lussac l'hôtel où *être*[15] descendu Fernand Duflouze, surnommé dans le milieu «le professeur», parce qu'il *avoir*[16] passé une licence de droit avant d'entrer dans le métier. Fernand *être*[17] un dangereux malfaiteur ayant à son actif bon nombre de hold-up spectaculaires. Il *être*[18] sorti la veille au matin de la prison de Lyon et le même jour, il *avoir*[19] été aperçu par un indicateur *(Spitzel)* au Quartier Latin.
– Le suspect vient de quitter l'hôtel et semble vouloir se diriger vers le Quartier Latin. Qu'est-ce que je dois faire?
– Bougre d'imbécile! Vous le suivez, bien entendu, et s'il entre dans un café, vous me passez un coup de fil *(anrufen)*.
Quand il *avoir*[20] raccroché, Latuile ne *pouvoir*[21] s'empêcher de pousser un nouveau juron. Il *se lever*[22], *jeter*[23] un coup d'œil à sa femme, qui, la figure toute rose, *ronfler*[24] *(schnarchen)* paisiblement, et *sauter*[25] dans son pantalon. Puis il *aller*[26] ramasser le journal sous la porte et *attendre*[27] le coup de fil tout en buvant son café.

Pendant ce temps, Leblair *suivre*[28] Fernand aussi discrètement qu'il *pouvoir*[29], tenant devant lui un journal dans lequel il *avoir*[30] percé un trou, qui lui *permettre*[31] de voir sans être vu, du moins le *croire*[32]-il. Mais il *marcher*[33] sur la queue d'un chat qui *faire*[34] sa toilette sur le trottoir et qui *pousser*[35] un miaulement terrible. Fernand *se retourner*[36] et *comprendre*[37] aussitôt la situation. Pourtant, au lieu d'accélérer le pas, il *ralentir*[38] et *s'arrêter*[39] même devant une vitrine pour laisser à Leblair qui, rouge de confusion, *penser*[40] avec appréhension à la colère du patron quand il apprendrait cela, le temps de le rejoindre.

Le patron, du reste, *avoir*[41] deviné juste. Effectivement, parvenu à la hauteur de la place de la Sorbonne, Fernand *prendre*[42] à droite et *entrer*[43] au café de l'Escholier. Quand il *s'être*[44] assuré que Fernand *avoir*[45] commandé quelque chose et qu'il *aller*[46] donc rester un moment dans le café, Leblair *se précipiter*[47] dans le café voisin et *téléphoner*[48] au patron.

Latuile, qui *arriver*[49] quelques minutes plus tard, *faire*[50] une entrée des plus spectaculaires: il *manquer*[51] la dernière marche et *s'étaler*[52] de tout son long *(der Länge nach)* sur le pavé, renversant une table et quelques chaises au passage. Fernand, qui *être*[53] assis au comptoir, *se retourner*[54] et *lancer*[55] d'un ton malicieux: «Tiens, bonjour commissaire, quel bon vent vous amène?», tandis que Leblair *se précipiter*[56] pour aider le commissaire à se relever. Puis les deux policiers *s'installer*[57] à une table. Pendant les minutes qui *suivre*[58], ils n'*échanger*[59] pas une parole. Le commissaire *être*[60] furieux de s'être ridiculisé en présence de Fernand et de Leblair.

C'est alors que leur attention *être*[61] attirée par une DS noire qui *venir*[62] de s'arrêter juste devant le café. Un homme en *descendre*[63], que Latuile *reconnaître*[64] aussitôt comme étant Rinaldo-le-Sicilien, et *déposer*[65] une valise sur le seuil. Puis il *se dépêcher*[66] de remonter dans la voiture, qui *démarrer*[67] déjà. Sans se presser, Fernand *se lever*[68], *payer*[69] sa consommation et *s'emparer*[70] de la valise en sortant. Les deux policiers *sortir*[71] également.

Une fois dans la rue, Fernand *faire*[72] signe à un taxi qui *passer*[73] et *monter*[74]. Par chance, la voiture du commissaire *être*[75] garée tout près, de sorte que Leblair et Latuile *réussir*[76] à prendre en chasse le taxi, qui *descendre*[77] d'abord le boulevard Saint-Michel pour s'engager ensuite sur le boulevard Saint-Germain, en direction d'Austerlitz. Le commissaire *être*[78] intrigué. Que *signifier*[79] cette valise? Il *aller*[80] bientôt le savoir.

La poursuite ne *durer*[81] pas longtemps. Le taxi *s'arrêter*[82] sur le parking de la gare d'Austerlitz. Fernand *descendre*[83] et *se retourner*[84] pour voir si les deux policiers *être*[85] toujours là. Une fois dans la gare, il *se diriger*[86] vers la consigne automatique *(Schließfächer),* suivi de loin par Latuile et Leblair, qui *avoir*[87] du mal à se frayer un chemin *(einen Weg bahnen)* dans la foule. Fernand *débloquer*[88] l'un des casiers, y *placer*[89] la valise et *disparaître*[90] dans la foule. Latuile le *chercher*[91] des yeux et affolé, *courir*[92] à la sortie. Un taxi *quitter*[93] à l'instant le parking, mais le commissaire n'*avoir*[94] pas le temps de voir si Fernand *être*[95] dedans. Il *entrer*[96] de nouveau dans la gare et *apercevoir*[97] Leblair qui *revenir*[98] des quais *(Bahnsteige).* Lui non plus n'*avoir*[99] pas trouvé Fernand. Latuile *faire*[100] alors signe à un groupe d'agents de police qui *faire*[101] une ronde dans la gare, leur *montrer*[102] sa carte et leur *expliquer*[103] ce qu'il *attendre*[104] d'eux. Et tandis que les agents *se disperser*[105], il *aller*[106] chercher un employé de la consigne pour faire ouvrir le casier. L'opération *durer*[107] dix bonnes minutes. L'employé n'*avoir*[108] pas l'air pressé et le commissaire *avoir*[109] du mal à garder son calme. Quand il *être*[110] enfin en possession de la valise, il *se dépêcher*[111] de forcer la serrure. Il *avoir*[112] la sensation que le sol *se dérober*[113] sous ses pieds: la valise ne *contenir*[114] qu'un tas de vieux journaux. L'employé de la consigne, voyant cela, ne *pouvoir*[115] s'empêcher de rire, mais un regard plein de rage que lui *lancer*[116] le commissaire l'*arrêter*[117] net.

Latuile *retourner*[118] dans le hall. Leblair lui *apprendre*[119] que les recherches des agents n'*avoir*[120] eu aucun succès. Quand les deux hommes *retourner*[121] à leur voiture, un agent de police *être*[122] occupé à glisser une contravention sous l'essuie-glace. Cette fois, c'en *être*[123] trop. Le commissaire *éclater*[124] dans une rage folle et *se mettre*[125] à invectiver *(beschimpfen)* l'agent qui, prenant peur, *s'enfuir*[126] à toutes jambes.

Les deux hommes *remonter*[127] sans mot dire dans leur voiture. Lorsqu'ils *arriver*[128] à la P. J., une grande animation *régner*[129] dans la cour centrale. Le commissaire *s'approcher*[130] d'un brigadier et lui *demander*[131] ce qui *se passer*[132]:
– Il y a eu un hold-up dans le cinquième arrondissement. Il paraît que Fernand Duflouze est dans le coup.
*P. J.: Police Judiciaire (entspricht der deutschen «Kripo»).

9 L'arrestation de Bouzigue

Le hold-up *se dérouler*[1] comme prévu. Vers dix heures, une DS noire *s'arrêter*[2] devant l'agence de la Société Normande de Crédit et pendant que Pierrot *attendre*[3] au volant, moteur en marche, Fernand, Jojo et Bouzigue *se précipiter*[4] dans la banque, où il n'y *avoir*[5], à cette heure creuse *(ruhig),* que trois clients. Les employés *garder*[6] leur sang-froid et ne *donner*[7] pas l'alarme, car les trois gangsters masqués n'*avoir*[8] pas l'air de plaisanter. Fernand *faire*[9] signe de la tête aux employés et aux clients de se mettre dans un coin, le visage tourné vers le mur. Aussitôt, Bouzigue et Jojo, qui *porter*[10] d'énormes sacs de voyage, *commencer*[11] à vider la caisse. A peine deux minutes plus tard, les sacs *être*[12] déjà pleins et Jojo *donner*[13] le signal de la retraite. Mais au moment de sortir, Bouzigue *être*[14] bousculé par un client qui *entrer*[15] et *perdre*[16] son masque. Il *se dépêcher*[17] de rejoindre ses complices qui *être*[18] déjà remontés dans la voiture. Aussitôt, la DS *démarrer*[19] dans un hurlement de pneus, tandis qu'on *entendre*[20] la sirène d'un car de police qui *arriver*[21]. Dès qu'il *avoir*[22] atteint le bois de Boulogne, Pierrot *chercher*[23] un coin tranquille pour se garer et, après avoir partagé le butin *(Beute),* les quatre hommes *se séparer*[24].

L'après-midi du même jour, Bouzigue *marcher*[25] sans but depuis plusieurs heures sur les Champs-Elysées, la tête basse, le regard sombre, sans se soucier de la pluie glaciale qui lui *fouetter*[26] *(peitschen)* sans arrêt le visage. Depuis le matin, il *s'efforcer*[27] de se remémorer la scène dans ses moindres détails. Tout *s'être*[28] passé très vite, mais le client *avoir*[29] peut-être eu le temps de voir son visage. Et dans ce cas, Bouzigue *pouvoir*[30] être sûr que la police le rechercherait. Mais ce qui l'*inquiéter*[31] davantage, c'est que Pierrot, de la voiture, *avoir*[32] peut-être remarqué l'incident. Et si le chef *venir*[33] à l'apprendre, il *aller*[34] à coup sûr donner l'ordre qu'on le retrouve et qu'on le supprime, pour éviter qu'il ne parle. Car Rinaldo-le-Sicilien ne *faire*[35] jamais de cadeau, il le *savoir*[36] bien.

Bouzigue *être*[37] désespéré et ne *cesser*[38] d'observer les gens qu'il *croiser*[39], craignant qu'un tueur de Rinaldo se trouve parmi eux. C'est alors qu'une DS noire qu'il n'*avoir*[40] pas vue arriver *s'arrêter*[41] tout doucement le long du trottoir, à quelques mètres de lui. Bouzigue *prendre*[42] peur et *courir*[43] se cacher derrière un arbre. Un agent de police qui *être*[44] occupé à mettre des contraventions *(Strafzettel) se retourner*[45], intrigué. Bouzigue *avoir*[46] glissé la main dans la poche intérieure de son imperméable et le cœur battant, *serrer*[47] fébrilement la crosse *(Knauf)* de son revolver. Mais ce *n'être*[48] qu'une fausse alerte: quand il *voir*[49] descendre de la voiture un chien minuscule suivi d'une grosse dame en manteau de fourrure, Bouzigue *pousser*[50] un profond soupir de soulagement. Il *attendre*[51] encore quelques secondes, pensant qu'il *s'agir*[52] peut-être d'un piège et quand il *s'être*[53] assuré que l'agent de police ne *faire*[54] plus attention à lui, il *rabattre*[55] le col de son imperméable et *aller*[56] de nouveau se mêler à la foule.

Arrivé à la hauteur du café George V, il *se souvenir*[57] qu'il n'*avoir*[58] rien pris depuis le petit déjeuner. Comme il *étudier*[59] la carte affichée à la devanture *(Schaufenster, Auslage)* du café, son regard *être*[60] attiré par deux hommes en chapeau qui, à quelques pas de là, *se tenir*[61] immobiles et *sembler*[62] regarder dans sa direction. Il n'*hésiter*[63] pas une seconde et *entrer*[64] dans le café. Il *s'installer*[65] au bar et *commander*[66] d'une voix tremblante un double scotch, qu'il *avaler*[67] d'un trait. Puis, jetant un coup d'œil dans la glace, au-dessus du comptoir, il *pouvoir*[68] constater que les deux hommes *entrer*[69] à leur tour. Bouzigue *sentir*[70] un frisson glacial lui parcourir le dos. N'écoutant que sa peur, il *se lever*[71] d'un bond et *sortir*[72] en courant, renversant quelques chaises dans son affolement. Aussitôt, un garçon du café *se mettre*[73] à hurler: «Arrêtez-le, arrêtez-le, il n'a pas payé!» Deux agents qui *passer*[74] *accourir*[75] et *s'apprêter*[76] à l'empoigner, lorsqu'un objet noir *tomber*[77] à leurs pieds. C(e) *être*[78] le revolver de Bouzigue.
– Suivez-nous, *dire*[79] l'un d'eux, et ne faites pas d'histoires.

10 Bouzigue sort de prison

Cela *faire*[1] bien une heure que l'inspecteur Gaston Leblair, les yeux encore embués de sommeil, *attendre*[2] au volant de sa 204, qu'il *avoir*[3] garée à proximité de la Santé *(=*

célèbre prison de Paris), à un endroit d'où il *pouvoir*[4] surveiller à la fois l'entrée de la prison et toute la rue. Bouzigue – car c(e) *être*[5] lui qu'il *attendre*[6] en ce triste matin pluvieux de novembre – *devoir*[7] être libéré à 8 heures. L'inspecteur ne *comprendre*[8] pas pourquoi le commissaire Latuile l'*avoir*[9] envoyé observer Bouzigue, qui *être*[10] un délinquant de faible envergure: la police *avoir*[11] autre chose de plus important à faire. Mais Leblair *avoir*[12] perdu l'habitude de poser des questions quand le commissaire *donner*[13] des ordres: il *n'être*[14] jamais bon de le mettre en colère.

L'inspecteur *jeter*[15] un coup d'œil à sa montre. Elle *indiquer*[16] 8 heures 30. Pourquoi donc Bouzigue ne *sortir*[17]-il pas? Cela n'*avoir*[18] vraiment rien de très plaisant d'attendre devant ces murs lugubres, avec ce crachin *(Nieselregen)* qui *durer*[19] depuis des jours. Leblair *pousser*[20] un soupir et *prendre*[21] le «Parisien Libéré», qui *être*[22] posé sur le siège de droite. Il *parcourir*[23] des yeux la première page. C(e) *être*[24] les titres habituels: tiercé *(Pferdewette)* à Auteuil, deux morts sur l'autoroute A7, le super à 2F99, Saint-Etienne éliminé de la Coupe par le Bayern de Munich, Mireille Mathieu a trouvé l'homme de sa vie. Il *repousser*[25] le journal et *décider*[26] d'aller prendre un grand crème *(Milchkaffee)* avec des croissants chauds au café d'en face, d'où on *pouvoir*[27] tout aussi bien surveiller les abords de la prison. Et peut-être y rencontrerait-il d'autres collègues qui, comme lui, *attendre*[28] la sortie d'un délinquant quelconque.

Il *mettre*[29] son chapeau et *s'apprêter*[30] à descendre de sa voiture, lorsqu'en regardant dans le rétroviseur, il *voir*[31] arriver une silhouette qui ne lui *être*[32] pas inconnue. Il *reprendre*[33] son journal et *faire*[34] semblant de lire tout en continuant à observer. Quand l'homme *passer*[35] près de sa voiture, Leblair n'*avoir*[36] plus aucun doute: il *s'agir*[37] bien de Fernand, surnommé «Le Calabrais» à cause de son air italien, qu'on n'*avoir*[38] pas revu à Paris depuis l'affaire du hold-up de la rue Fontaine, il y *avoir*[39] cinq ans de cela. Trois hommes *avoir*[40] été arrêtés, dont Bouzigue, mais deux autres complices *avoir*[41] réussi à s'enfuir. Fernand *être*[42] sûrement l'un d'entre eux. «Cela devient intéressant, *penser*[43] Leblair, le patron *avoir*[44] raison.»

Au même moment, comme si Fernand *avoir*[45] été mieux renseigné que la police, la porte de la prison *s'ouvrir*[46] et Bouzigue *enjamber*[47] le seuil. Le directeur l'*accompagner*[48], comme le veut la coutume, pour lui souhaiter bonne chance. Dès que le directeur *être*[49] rentré, Fernand *aller*[50] à la rencontre de Bouzigue et lui *remettre*[51] une enveloppe, que Bouzigue *glisser*[52] aussitôt dans la poche de son imperméable. Puis, à la grande surprise de Leblair, il *faire*[53] demi-tour et *repartir*[54], laissant Bouzigue seul.

Bouzigue *rester*[55] plusieurs minutes immobile à contempler la rue et les maisons, qu'il n'*avoir*[56] pas vues depuis cinq ans. Puis il *se mettre*[57] en route d'un pas décidé. L'inspecteur *se préparer*[58] une fois de plus à descendre, lorsqu'il *voir*[59] que Bouzigue *s'arrêter*[60] près d'une DS noire garée à quelques mètres de là. Il *prendre*[61] l'enveloppe que lui *avoir*[62] donnée Fernand et en *sortir*[63] une clé, qu'il *introduire*[64] dans la serrure.

Quelques secondes plus tard, la DS noire *démarrer*[65] et *prendre*[66] la direction du boulevard périphérique Sud. L'inspecteur n'*hésiter*[67] pas et *faire*[68] de même. Il *s'être*[69] attendu à une filature *(Verfolgung)* plus délicate, pensant que Bouzigue *aller*[70] d'abord marcher à pied puis, peut-être, prendre un taxi. Or, les conditions *être*[71] idéales: non seulement il n'*avoir*[72] pas besoin de le suivre à pied, ce qui *être*[73] toujours risqué, mais en plus, la circulation *être*[74] à cette heure suffisamment dense pour que Bouzigue ne se rende pas compte qu'il *être*[75] suivi. L'inspecteur n'*avoir*[76] donc aucun mal à rester à une distance raisonnable de la DS.

Cette promenade ne *durer*[77] que trois quarts d'heure. Bouzigue *sortir*[78] du périphérique à Auteuil, *passer*[79] la Seine au pont de Saint-Cloud, la *longer*[80] ensuite en direction de Meudon et *s'arrêter*[81] finalement à proximité du bois. L'inspecteur le *dépasser*[82] d'abord, car il ne *falloir*[83] surtout pas attirer l'attention, et *aller*[84] se garer un peu plus loin, dans un virage, à un endroit où Bouzigue ne *pouvoir*[85] pas le voir. Il ne *prendre*[86] pas le temps de fermer sa voiture et *courir*[87] se cacher derrière un arbre. Il *avoir*[88] de la chance: Bouzigue *être*[89] encore à sa voiture, occupé à retirer un objet du coffre. Ce n'est que lorsqu'il *avoir*[90] refermé le coffre et *s'être*[91] engagé dans la forêt que Leblair *voir*[92] que cet objet *être*[93] une bêche *(Spaten)*. Décidément, les choses *devenir*[94] maintenant de plus en plus intéressantes, et Leblair ne *regretter*[95] plus de s'être levé de si bonne heure. Bouzigue *marcher*[96] longtemps dans la forêt, suivi de loin par l'inspecteur, qui *aller*[97] d'un arbre à l'autre, faisant bien attention de ne pas faire de bruit. Bouzigue *sembler*[98] savoir exactement où il *vouloir*[99] aller. Soudain, il *rester*[100] immobile au pied d'un gros arbre et *examiner*[101] longuement le sol. Puis, après qu'il *s'être*[102] assuré que personne ne l'*observer*[103], il *commencer*[104] à creuser *(graben)*. Il *n'être*[105] pas difficile de deviner ce qu'il *chercher*[106]: les 500 000 francs du hold-up de la rue Fontaine, qu'il *avoir*[107] sans doute enterrés ici.

Bouzigue *creuser*[108] toujours, tandis que Leblair *songer*[109] aux compliments que son patron ne manquerait pas de lui faire à son retour: «Beau travail, Leblair, je vous félicite et j'en toucherai deux mots au ministre.» Mais tout à ses pensées, il *avoir*[110] le malheur de poser le pied sur une branche morte, qui *faire*[111] entendre un craquement sec. Aussitôt, Bouzigue *se retourner*[112], intrigué. Heureusement, l'inspecteur *être*[113] bien caché, de sorte que Bouzigue ne le *voir*[114] pas. Il *continuer*[115] son travail et au bout de quelques minutes, il *s'agenouiller*[116] au bord du trou et en *sortir*[117] une valise, qu'il *essuyer*[118] avec la manche de son imperméable. Puis brusquement, il *se relever*[119] d'un bond et *se mettre*[120] à courir à toutes jambes, sans emporter la bêche.

L'inspecteur *avoir*[121] un moment d'hésitation. Il *être*[122] comme saisi de panique par la tournure que *prendre*[123] maintenant les événements, alors que tout *avoir*[124] si bien marché jusque-là. Il ne *savoir*[125] que faire. En restant là, il *perdre*[126] tout espoir de récupérer le butin du hold-up, et en courant, il *aller*[127] forcément se faire remarquer, Pourtant, il n'y *avoir*[128] pas d'autre solution. Aussi *s'élancer*[129]-il à la poursuite de Bouzigue, mais celui-ci *avoir*[130] déjà une bonne avance, et quand Leblair *arriver*[131] à sa voiture, tout essoufflé, il n'*avoir*[132] que le temps de la voir disparaître au bout de la rue.

Sa propre voiture! Bouzigue *avoir*[133] volé sa propre voiture! Mais alors . . . il *avoir*[134] donc remarqué qu'il *être*[135] suivi? Leblair *avoir*[136] envie de pleurer. C(e) *être*[137] trop bête! Et le patron qui *aller*[138] lui passer un savon *(umgangsspr. für «schimpfen»)* . . . Et comment *aller*[139]-il rentrer?

Il *être*[140] onze heures. Le commissaire Albert Latuile *être*[141] occupé à interroger un suspect, lorsque le téléphone *sonner*[142]:
– Allô, Latuile? Ici Duchemin, du Cinquième *(= commissariat du 5ᵉ arrondissement de Paris).* Nous avons arrêté un individu sans papiers qui *conduire*[143] une voiture volée, une DS noire. Il semble avoir subi un grave choc psychique, jugez plutôt: il prétend s'appeler Leflair ou Leblair et n'arrête pas de crier qu'il est inspecteur à la P. J.. Vous connaissez?

Dans le couloir, l'agent de service *lire*[144] paisiblement le compte-rendu du match Saint-Etienne – Bayern, lorsqu'il *être*[145] interrompu dans sa passionnante lecture par un formidable hurlement qui *sembler*[146] provenir du bureau du commissaire. Il *s'y précipiter*[147]:
– Qu'y a-t-il, patron?
– Allez me chercher un tube d'aspirine et une grande bouteille de cognac. Et ne posez surtout pas de questions!

11 Fusillade à Ivry

Le commissaire Latuile *donner*[1] un coup de fil à sa femme pour lui dire qu'il ne *pouvoir*[2] pas rentrer. Dès qu'il *avoir*[3] raccroché, il *faire*[4] venir son inspecteur dans son bureau. Il le *regarder*[5] silencieusement et *prononcer*[6] d'une voix dont les accents *être*[7] presque solennels:
– Ce soir, on mange ensemble à la brasserie Dauphine.

Leblair ne *poser*[8] pas de question. Il *savoir*[9] que quand le commissaire l'*emmener*[10] manger, cela *signifier*[11] que la nuit serait difficile.

Pendant le repas, Latuile *rester*[12] silencieux. Il *sembler*[13] préoccupé. Ce n'est qu'au dessert qu'il *expliquer*[14] à Leblair ce qui *aller*[15] se passer. En vérité, le commissaire *avoir*[16] tout lieu d'être inquiet. Il *avoir*[17] appris par le patron d'un bar de Pigalle qu'il *avoir*[18] réussi à faire parler que Pierrot-le-Marseillais *s'être*[19] installé pour se cacher dans une usine désaffectée à Ivry, au sud de Paris. Son intention *être*[20] de l'observer d'abord, de façon à pouvoir mettre la main sur tout le gang. Mais le ministre, à qui il *avoir*[21] téléphoné, *avoir*[22] ordonné de l'arrêter, pour l'opinion publique. Or, Pierrot-le-Marseillais *correspondre*[23] en tout point à ce que, à la P. J., on *appeler*[24] un «dur»: c(e) *être*[25] un gangster professionnel, extrêmement habile, n'ayant peur de rien et surtout, sans scrupule dès qu'il *s'agir*[26] de tuer.

Quand le commissaire et Leblair *remonter*[27] au bureau, les cinq hommes de la brigade anti-gangs que le ministre *avoir*[28] accepté de mettre à sa disposition *venir*[29] d'arriver, tous en civil, comme il l'*avoir*[30] demandé: il *valoir*[31] mieux, *penser*[32]-il, faire croire à Pierrot que c(e) *être*[33] la bande à Rico qui *venir*[34] lui régler son compte. Quand le commissaire *s'être*[35] assuré qu'ils *avoir*[36] tous bien compris ce qu'il *attendre*[37] d'eux, il *donner*[38] le signal du départ. Latuile *s'installer*[39] lui-même au volant, ce qu'il *faire*[40] rarement, et *prendre*[41] la direction d'Ivry, suivi par la voiture des hommes du commando.

Arrivé à proximité de l'impasse où *se trouver*[42] l'usine, Latuile *s'arrêter*[43] et *faire*[44] signe aux autres de descendre sans bruit. Il *allumer*[45] une cigarette et *s'approcher*[46] d'eux, suivi de Leblair. Ils *être*[47] en train de préparer leurs armes. Il *être*[48] une heure du matin. La ville *dormir*[49]. La lumière *briller*[50] sur les canons des armes automatiques et un minuscule point incandescent *(glühend) trahir*[51] la cigarette du commissaire. Le chef du commando *attendre*[52] les ordres.

– L'usine se trouve au fond de l'impasse, *dire*[53] Latuile, à 100 m environ. Il est possible que Pierrot-le-Marseillais se trouve dans l'ancienne loge du gardien. De l'autre côté, il y a une cour. Dispersez-y vos hommes et attendez. Pas de fusillade, n'intervenez que quand je sifflerai. Je tiens à l'avoir vivant.

Puis il *examiner*[54] les alentours attentivement. Pas un signe de vie, pas un chat. Il est vrai que le quartier *n'être*[55] pas résidentiel. Et la loge du gardien ne *se révéler*[56] que par une unique porte et une unique fenêtre placées dans une immense surface de briques sombres.

Le commissaire *jeter*[57] sa cigarette, qui *aller*[58] s'éteindre dans une flaque en laissant échapper un bref sifflement, et *faire*[59] signe à Leblair de le suivre. Les deux hommes *sortir*[60] de l'ombre et *s'approcher*[61] de la loge en rasant le mur. Quand ils *être*[62] parvenus à la porte, Latuile *tourner*[63] prudemment la poignée. Elle *être*[64] bien sûr fermée à clé. Le commissaire *reporter*[65] alors son attention sur la fenêtre. Il *exercer*[66] une pression sur le montant. La fenêtre ne *bouger*[67] pas. Il *donner*[68] un grand coup d'épaule, tandis que Leblair *reculer*[69] pour se mettre à l'abri, et elle *céder*[70] avec fracas.

A l'intérieur, dans la chambre du fond, un homme que le bruit *avoir*[71] tiré de son sommeil *se redresser*[72] soudain, l'oreille tendue. Il n'*attendre*[73] pas davantage. Sa main *plonger*[74] sous l'oreiller, d'où elle *ramener*[75] un revolver. Le lit *se trouver*[76] juste sous la fenêtre qui *donner*[77] sur la cour. Il *s'agenouiller*[78] et l'*ouvrir*[79] d'une secousse puis *bondir*[80]. Dès que ses pieds nus *avoir*[81] touché le gravier, il *se mettre*[82] à courir.

C'est alors que Latuile, qui *venir*[83] de faire irruption dans la chambre, *découvrir*[84] le lit vide et la fenêtre grande ouverte. Il n'*hésiter*[85] pas une seconde et la *franchir*[86] à son tour, d'un seul bond. Quand il *être*[87] dehors, il *parcourir*[88] la scène du regard. Rien que des murs, des graviers pointus, des caisses d'emballage, et la nuit. Il *s'éloigner*[89] légèrement du mur, sur le qui-vive, le dos courbé, pistolet au poing.

Le premier coup de feu *déchirer*[90] le silence et à quelques centimètres de lui, Latuile *voir*[91] une brique éclater, tandis que dans ses oreilles *résonner*[92] encore le sifflement sinistre de la balle. Il *s'abriter*[93] dans l'ombre. Un peu plus loin, un homme *se détacher*[94] d'un poteau et *se mettre*[95] à courir. Grâce à son maillot de corps blanc, il *être*[96] facile à repérer, malgré l'obscurité. Il *courir*[97] légèrement de côté, le bras droit tendu en arrière, et *tirer*[98] au hasard dans la direction du commissaire.

Latuile *s'abriter*[99] encore, cette fois derrière une pile de caisses. Mais il n'*ouvrir*[100] pas le feu. L'homme *devoir*[101] être ramené vivant, *avoir*[102] dit le ministre.

Pendant quelques secondes, il ne *se passer*[103] rien. «Il recharge sans doute son arme», *penser*[104] le commissaire.

Lorsqu'un nouveau coup de feu *éclater*[105], suivi d'un second, Latuile *se jeter*[106] à plat ventre en murmurant «Nom de Dieu»: une balle l'*avoir*[107] manqué de peu. Puis il *se redresser*[108] brusquement et *tirer*[109] en l'air, délibérément: il n'*avoir*[110] d'autre but que de contraindre l'homme à courir. Il le *voir*[111] franchir à toutes jambes les dix mètres qui le *séparer*[112] du mur du fond. Quand il l'*avoir*[113] rejoint, l'homme *se retourner*[114] et *viser*[115] avec soin.

Latuile *faire*[116] un bond de côté et son épaule *heurter*[117] douloureusement le mur. En entendant la détonation, il *croire*[118] qu'il *être*[119] touché. Son chapeau *avoir*[120] roulé sur le sol.

Maintenant, l'homme *être*[121] beaucoup trop loin. Et il ne *falloir*[122] surtout pas lui laisser le temps de recharger son arme. Le commissaire *sortir*[123] son sifflet et *donner*[124] le signal. Comme s'il *avoir*[125] compris, l'homme *se redresser*[126] et *se remettre*[127] à courir. Mais au même moment, une balle l'*atteindre*[128] à la jambe. Il *étouffer*[129] un cri et *s'affaisser*[130]. Aussitôt, les hommes du commando *accourir*[131] et l'*immobiliser*[132].

Latuile *arriver*[133] quelques secondes plus tard et *reconnaître*[134] Pierrot-le-Marseillais. Mais ce *n'être*[135] plus le tueur implacable qu'il *avoir*[136] connu. L'homme qu'il *avoir*[137] devant lui et qui *grimacer*[138] de douleur en se tenant la jambe *avoir*[139] les traits marqués par la peur.

Le commissaire *aller*[140] ramasser son chapeau et *retourner*[141] à sa voiture, suivi de loin par Leblair, qui *marcher*[142] d'un pas mal assuré. Ce n'est que lorsqu'il *être*[143] remonté dans sa voiture qu'il *s'apercevoir*[144] que son chapeau *être*[145] troué. Il *poser*[146] sa tête sur le volant et *pousser*[147] un profond soupir.

12 Comment maître Matuvu *terminer*[1] sa carrière

Ce soir-là, maître Matuvu, qui *passer*[2] pour être le plus grand magicien hindou, *monter*[3] pour la dernière fois sur une scène. Quand le présentateur l'*avoir*[4] annoncé, un murmure *parcourir*[5] la salle, qui *être*[6] pleine à craquer. Le rideau *s'écarter*[7] et tandis que l'orchestre *jouer*[8] quelques mesures, le magicien, un homme grand et mince qui *pouvoir*[9] avoir une cinquantaine d'années, *s'avancer*[10] jusqu'au milieu de la scène, acceuilli par une salve d'applaudissements. Il *s'incliner*[11] plusieurs fois puis *taper*[12] dans ses mains. Un grand silence *se faire*[13]. Le public *attendre*[14], captivé.

Le rideau *s'écarter*[15] à nouveau, laissant passer une charmante assistante qui *pousser*[16] devant elle une sorte de longue boîte montée sur roulettes. Le maître *faire*[17] un signe à la jeune fille, qui *ouvrir*[18] le côté de la boîte pour montrer au public qu'elle *être*[19] tout à fait normale. Puis les lumières *s'éteindre*[20]. Seul un projecteur *rester*[21] braqué sur le centre de la scène.

La jeune fille *aller*[22] s'allonger dans la caisse et quand elle *être*[23] installée, le magicien *rabattre*[24] lourdement le couvercle, qui *faire*[25] entendre un claquement. Aux deux bouts, la tête et les pieds de la jeune fille *dépasser*[26] de la boîte. Son visage *être*[27] tourné vers le public. Elle *sourire*[28].

L'orchestre *s'arrêter*[29] de jouer. Maître Matuvu se *faire*[30] apporter une scie *(Säge)* et d'un geste solennel, *commencer*[31] à couper la boîte en son milieu. Dans la salle, il y *avoir*[32] un grand cri. Une vieille dame *s'être*[33] évanouie. Des infirmiers *se précipiter*[34] et l'*emmener*[35] sur une civière *(Tragbahre)*. Imperturbable, le maître *scier*[36] toujours, et quand il *avoir*[37] terminé, il *séparer*[38] d'un geste brusque les deux moitiés de la boîte. La jeune fille, bien que coupée en deux, *sourire*[39] toujours, tandis que dans la salle, les cris et les évanouissements *se succéder*[40] à un rythme régulier. Les infirmiers ne *savoir*[41] plus où donner de la tête.

D'un geste de la main, le magicien *demander*[42] le silence. Pour montrer au public que la jeune fille *être*[43] réellement coupée en deux, il *tirer*[44] à lui la moitié de la boîte où *dépasser*[45] les pieds et les *chatouiller*[46] *(kitzeln)*. Aussitôt, à l'autre bout, la jeune fille *se mettre*[47] à glousser, déclenchant de nouveaux applaudissements et de nouveaux évanouissements.

Puis le maître *rapprocher*[48] les deux bouts. Il *prononcer*[49] plusieurs fois une étrange formule et *ouvrir*[50] le couvercle. Puis il *faire*[51] un pas de côté et, tourné vers le public, *étendre*[52] le bras droit vers la jeune fille, qui, normalement, *devoir*[53] s'y accrocher pour effectuer un saut gracieux sur la scène. Le maître *attendre*[54] quelques instants, mais rien ne *se passer*[55]. Dans la salle *régner*[56] un silence de mort. Pourquoi ne *sortir*[57]-elle pas? Le maître n'y *comprendre*[58] rien. Il *avoir*[59] fait ce tour des centaines de fois, et cela *n'être*[60] jamais arrivé. Dans la salle, les infirmiers *accourir*[61] à nouveau, pensant qu'il *aller*[62] y avoir encore du travail.

Sentant qu'il *falloir*[63] agir, le magicien *se pencher*[64] vers la jeune fille pour voir ce qu'elle *avoir*[65]. Elle *faire*[66] des efforts désespérés pour sortir, mais elle ne *pouvoir*[67] pas, car ses pieds *être*[68] coincés. Quand il *réaliser*[69] la situation, le maître *sentir*[70] des gouttes de sueur froides lui couler le long du dos. Il n'*hésiter*[71] pas une seconde et *saisir*[72] la jeune fille par les jambes, tirant de toutes ses forces. En vain. Désespéré, il *se tourner*[73] vers le présentateur, qui *se tenir*[74] au bord de la scène. Celui-ci *essayer*[75] de l'aider, mais il n'y *parvenir*[76] pas non plus.

Dans la salle *régner*[77] maintenant un tumulte indescriptible. Ceux des spectateurs qui ne *s'être*[78] pas évanouis *être*[79] debout et *se tordre*[80] de rire. Furieux, maître Matuvu *s'avancer*[81] vers le public et *lancer*[82] un flot d'injures.

C'est alors que la première tomate *venir*[83] s'écraser sur la scène, avec un grand «splatch». Une deuxième *suivre*[84], puis une troisième, qui *atteindre*[85] le magicien en pleine figure. Voyant que tout *être*[86] perdu, maître Matuvu *prendre*[87] la fuite, sous les hurlements du public et sous la pluie de tomates qui *continuer*[88] à s'abattre sur lui.

13 Charles fait la connaissance d'Emma

Une nuit, vers onze heures, ils *être*[1] réveillés par le bruit d'un cheval, qui *s'arrêter*[2] juste à la porte. La bonne *ouvrir*[3] la lucarne *(= petite fenêtre)* du grenier et *parlementer*[4] quelque temps avec un homme resté en bas, dans la rue. Il *venir*[5] chercher le médecin, il *avoir*[6] une lettre. Nastasie *descendre*[7] les marches en grelottant et *aller*[8] ouvrir la serrure et les verrous, l'un après l'autre. L'homme *laisser*[9] son cheval et, suivant la bonne, *entrer*[10] tout à coup derrière elle. Il *tirer*[11] de dedans son bonnet de laine une lettre enveloppée dans un chiffon, et la *présenter*[12] délicatement à Charles, qui *s'accouder*[13] sur l'oreiller pour la lire, tandis que Nastasie, près du lit, *tenir*[14] la lumière et que Madame, par pudeur, *rester*[15] tournée vers la ruelle et *montrer*[16] le dos.

Cette lettre, cachetée d'un petit cachet de cire bleue, *supplier*[17] M. Bovary de se rendre immédiatement à la ferme des Bertaux, pour remettre une jambe cassée. Or, il y a, de Tostes aux Bertaux, six bonnes lieues de traverse, en passant par Longueville et Saint-Victor. La nuit *être*[18] noire. Mme Bovary *redouter*[19] les accidents pour son mari. Donc, il *être*[20] décidé que le valet d'écurie prendrait les devants. Charles partirait trois heures plus tard, au lever de la lune. On enverrait un gamin à sa rencontre, afin de lui montrer le chemin de la ferme et d'ouvrir les clôtures devant lui.

Vers quatre heures du matin, Charles, bien enveloppé dans son manteau, *se mettre*[21] en route pour les Bertaux. Encore endormi par la chaleur du sommeil, il se *laisser*[22] bercer au trot pacifique de sa bête. Chaque fois qu'elle *s'arrêter*[23] d'elle-même devant ces trous entourés d'épine que l'on *creuser*[24] au bord des sillons, Charles, se réveillant en sursaut, *se rappeler*[25] vite la jambe cassée, et il *tâcher*[26] de se remettre en mémoire toutes les fractures qu'il *savoir*[27]. La pluie ne *tomber*[28] plus; le jour *commencer*[29] à venir et, sur les branches des pommiers sans feuilles, des oiseaux *se tenir*[30] immobiles, hérissant leurs petites plumes au vent froid du matin. La plate campagne *s'étaler*[31] à perte de vue, et les bouquets d'arbres autour des fermes *faire*[32], à intervalles éloignés, des taches d'un violet noir sur cette grande surface grise qui *se perdre*[33] à l'horizon dans le ton morne du ciel. Charles, de temps à autre, *ouvrir*[34] les yeux; puis, son esprit se fatiguant, bientôt il *entrer*[35] dans une sorte d'assoupissement. Comme il *passer*[36] par Vassonville, il *apercevoir*[37], au bord d'un fossé, un jeune garçon assis sur l'herbe qui *faire*[38] des signes. Il *s'arrêter*[39].

– Etes-vous le médecin? *demander*[40] l'enfant.
Et quand Charles lui *avoir*[41] répondu que oui, il *prendre*[42] ses sabots à ses mains et *se mettre*[43] à courir devant lui.

L'officier de santé, chemin faisant, *comprendre*[44] aux discours de son guide que M. Rouault *devoir*[45] être un cultivateur des plus aisés. Il *s'être*[46] cassé la jambe, la veille au soir, en revenant de «faire les Rois» chez un voisin. La femme *être*[47] morte depuis deux ans. Il n'*avoir*[48] avec lui que sa «demoiselle» *(= sa fille)*, qui l'*aider*[49] à tenir la maison.

Quand on *approcher*[50] des Bertaux, le petit gars *se couler*[51] par un trou de haie, *disparaître*[52], puis il *revenir*[53] au bout d'une cour en ouvrir la barrière. Les chiens de garde à la niche *aboyer*[54] en tirant sur leur chaîne. Quand Charles *entrer*[55] dans les Bertaux, son cheval *avoir*[56] peur et *faire*[57] un grand écart.

C(e) *être*[58] une ferme de bonne apparence. On *voir*[59] dans les écuries, par le dessus des portes ouvertes, de gros chevaux de labour qui *manger*[60] tranquillement dans des râteliers *(Futterkrippe)* neufs. Le long des bâtiments *s'étendre*[61] un large fumier.

Une jeune femme, en robe de mérinos bleu garnie de trois volants, *venir*[62] sur le seuil de la maison pour recevoir M. Bovary, qu'elle *faire*[63] entrer dans la cuisine, où *flamber*[64] un grand feu. Des vêtements humides *sécher*[65] dans l'intérieur de la cheminée.

Charles *monter*[66], au premier, voir le malade. Il le *trouver*[67] dans son lit. Il *suer*[68] sous ses couvertures et *avoir*[69] rejeté bien loin son bonnet de coton. C(e) *être*[70] un gros petit homme de cinquante ans, à la peau blanche, à l'œil bleu, chauve sur le devant de la tête, et qui *porter*[71] des boucles d'oreilles. Il *avoir*[72] à ses côtés, sur une chaise, une grande carafe d'eau-de-vie, dont il se *verser*[73] de temps à autre pour se donner du cœur au ventre; mais, dès qu'il *voir*[74] le médecin, son exaltation *tomber*[75] et, au lieu de sacrer *(fluchen)* comme il *faire*[76] depuis douze heures, il *se mettre*[77] à geindre *(stöhnen)* faiblement.

La fracture *être*[78] simple, sans complication d'aucune espèce. Charles n'eût osé en souhaiter de plus facile. Alors, se rappelant les allures de ses maîtres auprès du lit des blessés, il *réconforter*[79] le patient avec toutes sortes de bons mots. Afin d'avoir des attelles, on *aller*[80] chercher, sous la charretterie, un paquet de lattes. Charles en *choisir*[81] une, la *couper*[82] en morceaux et la *polir*[83] avec un éclat de vitre, tandis que la servante *déchirer*[84] des draps pour faire des bandes, et que Mlle Emma *coudre*[85] des coussinets.

Charles *être*[86] surpris de la blancheur de ses ongles, mais ce qu'elle *avoir*[87] de plus beau, c(e) *être*[88] les yeux: quoiqu'ils fussent bruns, ils *sembler*[89] noirs à cause des cils, et son regard *arriver*[90] franchement à vous avec une hardiesse candide.

Une fois que le pansement *être*[91] fait, le médecin *être*[92] invité, par M. Rouault lui-même, à «prendre un morceau», avant de partir.

Charles *descendre*[93] dans la salle, au rez-de-chaussée. Deux couverts, avec des timbales d'argent, y *être*[94] mis sur une petite table. Il y *avoir*[95], pour décorer la pièce, accrochée à un clou, au milieu du mur dont la peinture verte *s'écailler*[96], une tête de Minerve au crayon noir, encadrée de dorure, et qui *porter*[97] en bas, écrit en lettres gothiques: «A mon cher papa».

On *parler*[98] d'abord du malade, puis du temps qu'il *faire*[99], des grands froids, des loups qui *courir*[100] les champs la nuit. Mlle Rouault ne *s'amuser*[101] guère à la campagne, maintenant surtout qu'elle *être*[102] chargée presque à elle seule des soins de la ferme.

Quand Charles, après être monté dire adieu au père Rouault, *rentrer*[103] dans la salle avant de partir, il la *trouver*[104] debout, le front contre la fenêtre, et qui *regarder*[105] dans le jardin. Elle *se retourner*[106].
– Cherchez-vous quelque chose? *demander*[107]-elle.
– Ma cravache, s'il vous plaît, *répondre*[108]-il.
Et il *se mettre*[109] à chercher sur le lit, derrière les portes, sous les chaises; elle *être*[110] tombée à terre, entre les sacs et la muraille. Mlle Emma l'*apercevoir*[111]; elle *se pencher*[112] sur les sacs de blé. Charles, par galanterie, *se précipiter*[113] et, comme il *allonger*[114] aussi son bras dans le même mouvement, il *sentir*[115] sa poitrine effleurer le dos de la jeune fille, courbée sous lui. Elle *se redresser*[116] toute rouge et le *regarder*[117] par-dessus l'épaule, en lui tendant sa cravache.

Au lieu de revenir aux Bertaux trois jours après, comme il l'*avoir*[118] promis, c'est le lendemain même qu'il y *retourner*[119], puis deux fois la semaine régulièrement.

Tout, du reste, *aller*[120] bien; la guérison *s'établir*[121] selon les règles, et, quand, au bout de quarante-six jours, on *voir*[122] le père Rouault qui *s'essayer*[123] à marcher seul dans sa maison, on *commencer*[124] à considérer M. Bovary comme un homme de grande capacité.

Quant à Charles, il ne *chercher*[125] point à se demander pourquoi il *venir*[126] aux Bertaux avec plaisir. Ces jours-là, il *se lever*[127] de bonne heure, *partir*[128] au galop, *pousser*[129] sa bête; puis il *descendre*[130] pour s'essuyer les pieds sur l'herbe, et *passer*[131] ses gants noirs avant d'entrer.

D'après Gustave Flaubert, *Madame Bovary.*

4 Die indirekte Rede

Mettez au discours indirect:

14 1. «Ce n'est pas bien grave. Votre fils est resté trop longtemps au soleil. S'il se repose bien, il sera sur pied dans deux jours. Mais à l'avenir, il faudra faire plus attention.»
→ *Le médecin nous a dit ...*

2. «Je ne veux pas qu'on me dérange.»
→ *J'avais pourtant bien précisé ...*

3. Je ne puis dire combien ce film m'a ému.
→ *Je ne pourrais dire ...*

4. Nous partirons en vacances dès que la voiture aura été réparée.
→ *Ils nous ont écrit que ...*

5. «Je suis étonné qu'aucun Français ne participe à cette compétition.»
→ *Le reporter a dit que ...*

6. Chacun sait que la condamnation de Bouzigue fut prononcée sur la foi d'indices qui ne prouvaient rien et d'expertises qui avaient été bien hâtivement préparées.
→ *Chacun savait ...*

7. «Cela vous ennuierait beaucoup de passer me chercher chez moi?»
→ a) *Je lui ai demandé ...*
→ b) *Je vais lui demander ...*

8. Les bandits montèrent dans une voiture qui les attendait.
→ *Un témoin a raconté ...*

9. «On eût évité bien des discussions stériles si l'on s'était attaqué dès le début aux racines du mal.»
→ *Il a ajouté ...*

10. «Si tu veux, je te suivrai jusqu'au bout du monde.»
→ *Pierre a dit à Marie ...*

11. «Il vaudrait mieux qu'on évite d'en parler.»
→ *Il a dit ...*

12. «Prévenez-moi dès qu'il y aura du nouveau.»
→ *Il a demandé qu'on ...*

15 1. «Que faisiez-vous au moment du crime?»
→ *Le commissaire lui a demandé ...*

2. «Cela vous aurait surpris qu'il en parle?»
→ *Il m'a demandé ...*

3. Il ne faut pas m'en vouloir si je n'ai pas répondu plus tôt à ta lettre.
→ *Il m'a écrit . . .*
4. Si l'on m'interroge, je dirai: «Je n'ai rien vu.»
→ *Si l'on m'interrogeait, je . . . que . . .*
5. Louis XIV aurait eu 106 enfants.
→ *J'ai entendu dire . . .*
6. Je ne sais pas si tu seras d'accord.
→ *Je ne savais pas si . . .*
7. «Il faut absolument faire en sorte que la presse ne parle pas de cet incident.»
→ *Il a dit qu'il . . .*
8. Le conducteur de la Peugeot 504, M. Albert Dubuc, ne remarqua pas le petit garçon qui traversait la rue. Il réussit cependant à l'éviter, mais il heurta de plein fouet *(mit voller Wucht)* un camion qui arrivait en sens inverse.
→ *J'ai lu dans le journal . . .*
9. «J'espère que les Européens n'auront pas la mauvaise idée de se liguer contre les Etats-Unis.»
→ *Nixon, alors président des Etats-Unis, avait déclaré le 15 mars 1974 . . .*
10. On peut s'étonner que la police ne procède pas à une enquête plus poussée sur les circonstances d'un accident qui a pourtant fait plus de 15 morts.
→ *On s'étonnera . . .*
11. Si le temps ne s'améliore pas, le match sera reporté à une date ultérieure.
→ *La direction du Club a déclaré . . .*
12. La nouvelle autoroute sera-t-elle terminée avant le début des vacances?
→ *J'aimerais bien savoir . . .*

16

1. «Je ne me serais jamais douté que la commission de censure interdirait mon film. Je tiens à souligner que les coupures qu'elle a exigées seront faites, mais le film sera néanmoins présenté dans sa version intégrale *(ungekürzte Fassung)* au cours de séances de projection privées.»
→ *Le producteur a déclaré . . .*
2. «Il vaut mieux être riche et bien portant plutôt que pauvre et malade.»
→ *Un philosophe contemporain a dit . . .*
3. «Il importe de reconsidérer au plus vite la législation actuelle sur les produits toxiques si l'on tient à éviter qu'une nouvelle catastrophe de ce genre menace la vie de plusieurs milliers de personnes.»
→ *Un syndicaliste a dit . . .*
4. «Que va-t-il se passer?»
→ *Je lui ai demandé . . .*
5. «Quelle attitude adopterez-vous?»
→ *Notre correspondant a demandé au ministre . . .*

6. Au 10e round, Mohammed Ali envoya son adversaire au tapis d'un formidable direct du gauche.
   → *J'ai lu dans le journal . . .*
7. Il en aurait été capable s'il en avait eu l'occasion.
   → *Je savais . . .*
8. Le moteur fonctionne mal, il n'a pas été revu.
   → a) *Il faudra le prévenir . . .*
   → b) *L'as-tu prévenu . . .?*
9. «Que comptez-vous faire si les syndicats refusent les propositions du gouvernement et qu'ils décident d'étendre la grève?»
   → *Notre reporter a demandé au ministre . . .*
10. Le policier répliqua: «Quand on ne sait pas conduire, on ferait mieux de rester chez soi.»
    → *Le policier répliqua que . . .*
11. Nous ne pouvons pas prévoir quelle sera la réaction de l'opinion publique une fois que la nouvelle aura été divulguée.
    → *Nous ne pouvions pas prévoir . . .*

17

1. Quand la maison aura été complètement payée, nous aurons moins de soucis.
   → a) *Ils pensent . . .*
   → b) *Ils ont dit . . .*
2. A quelle heure le match sera-t-il retransmis?
   → *Je ne savais pas . . .*
3. Les gangsters relâchèrent trois otages et montèrent à bord du Boeing que la police avait mis à leur disposition.
   → *J'ai lu dans le journal . . .*
4. «Tout sera mis en œuvre pour éviter que de tels incidents se reproduisent.»
   → *Le responsable du service d'ordre a assuré que . . .*
5. Est-ce bien vrai que le roi Henri IV a inventé la poule au pot?
   → *Le professeur n'a pas su dire . . .*
6. «Je n'ai rien entendu, je regardais ‹Sports-Dimanche› à la télé.»
   → *Il a dit au commissaire . . .*
7. «Tant que les coupables n'auront pas été arrêtés, les habitants du village ne seront pas tranquilles.»
   → *Le maire a estimé que . . .*
8. «Je n'ai jamais rien dit de tel.»
   → *Il ira sans doute jusqu'à prétendre . . .*
9. «La pollution du Rhin a atteint des proportions alarmantes et il est grand temps que les gouvernements des pays riverains se rendent compte de la gravité de la situation.»
   → *Le ministre a dit . . .*

10. L'Union soviétique a prévenu les autorités canadiennes qu'un satellite militaire transportant du matériel radioactif risquait de s'écraser sur le territoire canadien.
→ *Le gouvernement a fait savoir . . .*
11. «Ma conduite ne regarde que moi.»
→ *Il m'a répondu . . .*
12. «Les résultats qui ont été obtenus avec l'aérotrain sont tellement bons qu'il n'est pas exclu qu'on installe de nouvelles lignes.»
→ *Un responsable a dit à notre reporter . . .*

Traduisez:

18

1. Der Zollbeamte *(le douanier)* hat gefragt, ob ich etwas zu verzollen *(déclarer)* habe und wie lange ich in Deutschland bleiben wolle.
2. Er meint *(estimer),* man könne nichts dagegen tun *(y faire).*
3. Er wollte wissen, ob ich trotzdem gekommen wäre.
4. Der Polizist hat uns gefragt, ob wir einen roten BMW gesehen hätten.
5. Man hat mir versichert *(assurer),* ich würde mein Geld bald bekommen.
6. Man hatte mir gesagt, daß Sie einen Sohn hätten.
7. Er hat versprochen, er werde diese Arbeit bis Sonntag beenden *(terminer).*
8. Er behauptet, er wisse nicht mehr als ich (mit *que*-Satz).
9. Der Polizist fragte mich, was ich hier suche *(venir faire)* und ob ich Tourist sei.
10. Er hat uns mitgeteilt *(annoncer),* daß er in Pension gehen will *(prendre sa retraite).*

19

1. Der Bundestrainer *(l'entraîneur de l'équipe nationale)* hat gesagt, er wisse nicht, ob Busik nächsten Mittwoch gegen Frankreich spielen werde.
2. Ich habe ihn gefragt, ob er davon gehört habe *(entendre parler),* und er hat gesagt, er wisse nicht, wovon ich rede.
3. Er meinte *(il a estimé),* es müsse (mit *falloir*) verhindert werden, daß das Fernsehen zu viele Gewaltszenen zeigt.
4. Ich werde ihm sagen, ich sei sehr krank gewesen.
5. Ich dachte, du wärst krank.
6. Er sagte, wir müßten *(devoir)* uns mit dieser Auskunft begnügen *(se contenter).*
7. Er behauptet, ich hätte etwas gegen ihn.
8. Haben Sie noch nicht erfahren, daß die kleine Bouzigue verheiratet ist?
9. Er wird sicher behaupten, er habe es nicht mit Absicht *(exprès)* getan.
10. Ich dachte, er würde mit uns kommen.

5 Der Bedingungssatz. Der Gebrauch des Conditionnel.

Mettez les infinitifs au temps et au mode voulus et complétez les vides par la conjonction qui convient:

20
1. Si vous le voulez bien, nous *commencer* par prendre un apéritif.
2. Si vous *aller* à Paris, vous êtes sûrement montés sur la Tour Eiffel?
3. . . . il vient, il n'oublie jamais d'apporter quelque chose aux enfants.
4. . . . nous *pouvoir* partir au mois de juin, ce serait moins cher.
5. S'il a vraiment fait cela, il *avoir* des ennuis.
6. . . . les pompiers étaient arrivés plus tôt, il y *avoir* moins de victimes.
7. C'est un miracle s'il *être* sorti vivant de cet accident.
8. . . . il rentrera, je lui en parlerai.
9. Il nous a regardés comme si nous *être* des revenants.
10. . . . c(e) *être* vrai, je le saurais.

21
1. . . . c(e) *être* vrai, nous ne tarderons pas à en avoir confirmation.
2. Ce n'est pas agréable de faire du ski . . . il *faire* trop froid.
3. Si je vous le *dire,* vous ne me croiriez pas.
4. . . . nous n'avions pas eu cette panne, nous *être* déjà arrivés.
5. Si vous l'avez cru, vous *être* bien naïf.
6. Si tu *envoyer* la lettre hier, elle arrivera certainement dès demain.
7. Il a dit que . . . la route serait réparée, il y *avoir* moins d'accidents.
8. . . . il n'ait pas manqué son train, il sera là dans une heure.
9. . . . il apprendra cela, il *être* furieux.
10. . . . il me le demande, je *dire* que je n'en sais rien.

22
1. S'il me l(e) *demander,* j'aurais dit que je n'en savais rien.
2. . . . il a dit cela, il est inexcusable.
3. . . . il *faire* beau, nous mangions dehors.
4. . . . la route *être* réparée plus tôt, il y *avoir* moins d'accidents.
5. . . . il téléphonerait, dis-lui de rappeler dans la soirée.
6. Si tu m(e) *écouter,* cela ne serait pas arrivé.
7. Si on m'*avoir* dit que c'était dangereux, je ne sais pas si je l'*avoir* fait.
8. Je vous le dis pour le cas où vous l'*avoir* oublié.
9. Si vous ne *rentrer* pas trop tard et que vous n(e) *être* pas trop fatigués, nous irons au restaurant.
10. Le président du Club a dit que . . . le temps ne s'*améliorer* pas, le match serait repoussé.

Traduisez:

23 1. Wenn du willst, folge ich dir bis ans Ende der Welt.
2. Ich hätte dich anrufen können, wenn du mir deine Nummer gegeben hättest.
3. Er tat, als ob nichts geschehen wäre *(se passer).*
4. Ich wäre rechtzeitig gekommen, wenn mein Wagen angesprungen *(démarrer)* wäre.
5. Wenn er uns [morgen] danach fragt, sagen wir nichts.
6. Frage ihn, ob er [in diesem Fall] einverstanden wäre *(d'accord).*
7. Wenn man mich nicht darum gebeten hätte *(demander),* hätte ich es nicht gemacht.
8. Ich weiß nicht, ob es sich gelohnt hätte.
9. Wenn Fischer nicht verletzt gewesen wäre, hätte Deutschland bestimmt gewonnen.
10. Er hätte schon längst eine Frau gefunden, wenn er nicht so ernst wäre.

24 1. Wenn er den *(son)* Zug verpaßt hätte *(manquer),* hätte er uns angerufen.
2. Er tut immer so, als wüßte er nichts davon *(en).*
3. Ich weiß nicht, ob er dir helfen würde.
4. Ich kann nicht sagen, ob es mir gefallen würde.
5. Hätte ich Zeit gehabt, so wäre ich gekommen.
6. Wenn kein Bier da ist, trinke ich Wein.
7. Wenn er hätte siegen *(gagner)* wollen, hätte er den Atlantik in weniger als 30 Tagen überqueren müssen.
8. Wenn ich [das] gewußt hätte, wäre ich nicht gekommen.
9. Ich habe ihn gefragt, ob er mit uns kommen würde, wenn wir ihn abholen *(passer chercher).*
10. Sind Sie etwa krank?

6 Subjonctif oder Indicatif?

I. Affektive und nicht affektive Ausdrücke

Mettez les verbes entre parenthèses au temps et au mode qui conviennent:

25
1. Faut-il que je (aller) chercher un médecin?
2. Voulez-vous que je (faire) venir un taxi?
3. J'aime qu'on (être) sûr de ce qu'on dit.
4. Je déteste qu'on m'(interrompre) dans mon travail.
5. Je souhaite que tout cela ne (être) bientôt plus qu'un mauvais souvenir.
6. Il faut absolument empêcher qu'il l'(apprendre).
7. J'estime qu'il (être) nécessaire que nous lui (demander) son avis.
8. Si tu tiens à ce que les gens (venir) te voir, il suffit que tu (être) gentil avec eux.
9. J'ai bien peur que nous (avoir) de l'orage.
10. J'ai bien l'impression que nous (avoir) de l'orage. Heureusement que tu (avoir) pensé à emporter un parapluie.
11. Il se plaint qu'on ne (faire) jamais attention à lui.
12. Il se plaint de ce qu'on ne (faire) jamais attention à lui.
13. Il a juré qu'il ne (recommencer) plus.
14. Je regrette beaucoup que tu (être) obligé de rentrer, j'aurais aimé que nous (bavarder) encore un peu.
15. Plusieurs associations de consommateurs ont exigé que ce produit (être) immédiatement retiré de la vente.
16. Il soutient qu'il n'y (être) pour rien.
17. J'ai demandé à la secrétaire qu'elle (prévenir) tout le monde. J'espère qu'elle n'(avoir) pas oublié.
18. Je comprends bien que vous (avoir) envie de terminer ce soir, mais je trouve qu'il (être) déjà tard et je propose que nous (continuer) demain.
19. J'ai du mal à comprendre comment tu (pouvoir) tenir le coup en ne dormant que six heures par nuit.
20. Il me paraît tout naturel qu'il (avoir) refusé cette proposition.

26
1. Il serait bon que nous nous (réunir) dans le courant de la semaine prochaine.
2. Il est important qu'il n'en (savoir) rien, car on m'a dit qu'il (être) très susceptible.
3. J'avais pourtant bien dit qu'on (venir) me réveiller à 5 heures!
4. Est-il vraiment indispensable que nous (prendre) deux voitures pour y aller?

5. Il est probable que mes parents ne (permettre) pas que je (peindre) ma chambre en noir.
6. Mon père dit que cela ne lui (plaire) pas beaucoup que je (faire) de l'auto-stop.
7. Je n'ai pas pu empêcher qu'il s'en (apercevoir).
8. Nous avons fait un détour de 30 km, mais n'empêche que nous (avoir) gagné du temps.
9. Le directeur de l'usine a déclaré qu'il (s'être) vu obligé d'interdire que le personnel (prendre) ses repas dans les ateliers et qu'il veillerait à ce que cette interdiction (être) scrupuleusement respectée.
10. Il est essentiel que nous (terminer) ce travail avant demain.
11. Je crois qu'il (avoir) surtout peur qu'on le (faire) trop travailler.
12. Je ne comprends pas comment cela se (faire) que nos invités ne (être) pas encore là. J'espère qu'il ne leur (être) rien arrivé.
13. Consentez-vous à ce que je (prendre) quelques photos de votre maison?
14. C'est à cette époque que Mme Bouzigue a compris que son mari (être) un agent secret.
15. Peu importe que nous (avoir) perdu ce match! Le principal est d'avoir participé.
16. Je n'admets pas que vous me (parler) sur ce ton!
17. Vous admettrez que votre comportement (être) curieux.
18. C'est une honte que les plages (être) jonchées d'ordures!
19. Nous sommes au regret de vous annoncer que votre demande (avoir) été rejetée.
20. Il est recommandé que chacun (faire) bien attention à ses affaires.

27

1. Il ne serait pas inutile que nous en (discuter) en détail.
2. Je trouve curieux qu'il (avoir) refusé que nous nous (servir) du téléphone.
3. Je suis persuadé que tout (être) mis en œuvre pour empêcher qu'une nouvelle catastrophe de ce genre ne se (reproduire).
4. Prendre l'avion c'est cher, n'empêche que ce (être) plus agréable et moins fatigant.
5. Je trouve que ce ne (être) pas la peine de se dépêcher, il suffit que nous (arriver) cinq minutes avant.
6. Il importe que toute la lumière (être) faite sur cette affaire.
7. Je suis très déçu qu'il n'(avoir) pas tenu parole.
8. Je veux bien que nous (inviter) les Durand à manger, mais je suis d'avis que nous les (emmener) au restaurant, de façon à ce que je n'(avoir) pas de cuisine à faire.
9. Et moi, je suis d'avis qu'il (valoir) mieux que nous les (recevoir) chez nous.
10. Il est grand temps que nous (partir)!
11. C'est vraiment dommage que vous ne (savoir) pas faire du ski, sinon j'aurais proposé que nous (aller) dimanche prochain à Val-d'Isère.
12. Le gouvernement a ordonné que le prix de l'essence (être) augmenté de trois centimes à compter du 1er novembre prochain.

13. Le patron a ordonné qu'on ne (venir) le déranger sous aucun prétexte.
14. Je suis très ennuyé qu'il (avoir) mal interprété ma proposition.
15. Il faut dire aussi que tu ne te (être) pas exprimé clairement.
16. Je suis inquiet qu'il n'(avoir) pas encore téléphoné.
17. Il a promis qu'il (faire) tout son possible.
18. Je trouve assez étonnant qu'il n'(avoir) pas encore le permis de conduire.
19. Je trouve que ce (être) injuste que les femmes (être) moins payées que les hommes.
20. Il me semble que tu (être) un peu pâle. J'espère au moins que tu ne (être) pas malade?

Traduisez:

28
1. Ich schlage vor, daß wir mit einem einfachen Satz anfangen.
2. Was ist Ihnen lieber *(préférer)*? Daß wir hier bleiben oder daß wir ins Kino gehen?
3. Sie sehen doch *(bien),* daß man ihm nicht glauben kann.
4. Ich finde es ganz normal, daß dieses Kind lügt.
5. Ich schätze *(estimer),* daß sein Haus um die *(dans les)* 300 000 Mark gekostet hat.
6. Es ist zu befürchten, daß das Erdbeben *(tremblement de terre)* noch mehr Opfer *(victime)* gefordert *(faire)* hat.
7. Ich hoffe, daß Sie bald wieder gesund sind *(être rétabli).*
8. Sag ihm, er soll einen Stuhl aus dem Arbeitszimmer *(bureau)* holen.
9. Er hat gesagt, er habe keine Zeit.
10. Es ist notwendig, daß du ihr die Wahrheit sagst.
11. Vermeiden Sie, daß die Presse von diesem Vorfall *(incident)* erfährt *(avoir vent de).*
12. Es tut mir leid *(être désolé/navré),* daß Sie so lange haben warten müssen.
13. Ich bin empört *(outré/indigné),* daß er so etwas *(une chose pareille)* behauptet hat.
14. Paß auf *(prendre garde),* daß die Katze nicht wegläuft *(s'en aller)*!
15. Sie können doch nicht *(vous n'allez tout de même pas)* verlangen, daß ich über alles informiert bin!
16. Ich verstehe, daß du nicht mehr arbeiten magst *(avoir envie).*
17. Ich gebe zu *(admettre),* daß ich mich getäuscht habe.
18. Bouzigue duldet nicht *(admettre, supporter, tolérer),* daß man ihm sagt, er sei zu klein.
19. Es ist schade, daß ein so großer Wagen nur zwei Türen hat.
20. Stell dir vor *(imaginer),* du wärst reich.

29
1. Wir bedauern *(déplorer),* daß der Auftrag *(la commande)* nicht mit der erforderlichen *(dû)* Sorgfalt ausgeführt *(exécuter)* wurde.

2. Es wäre besser, du würdest weniger trinken.
3. Es ist merkwürdig *(curieux)*, daß er sich an nichts erinnert.
4. Ich schlage vor, daß wir uns um 6 Uhr bei mir treffen *(se retrouver)*.
5. Er hat gesagt, ich könne später kommen.
6. Er hat gesagt, ich soll später kommen.
7. Wir freuen uns sehr, daß Ihre Tochter endlich einen Mann *(mari)* gefunden hat.
8. Ich fürchte, die Übung ist nicht ernst genug.
9. Er meint *(être d'avis)*, die Übung sei nicht ernst.
10. Ich bin der Meinung *(être d'avis)*, wir sollten lieber *(plutôt)* normale Sätze übersetzen.
11. Es wundert mich, daß noch keiner *(personne)* etwas gesagt hat.
12. Ich bin überrascht, daß er nichts mehr von sich hat hören lassen *(donner de ses nouvelles)*.
13. Ich verstehe wohl *(bien)*, daß du enttäuscht bist, aber ich finde, es hätte schlimmer sein können.
14. Sorgen Sie dafür *(faire en sorte, veiller)*, daß jeder *(tout le monde)* rechtzeitig benachrichtigt wird *(prévenir)*.
15. Aus seinen Worten *(d'après ce qu'il a dit)* habe ich entnommen *(comprendre)*, daß er bald in Pension gehen will *(prendre sa retraite)*.
16. Es wäre mir lieber *(aimer mieux, préférer)*, wenn *(que)* du mich vom Bahnhof abholen würdest *(venir chercher)*.
17. Schade, daß wir den Film nicht in Farbe sehen können!
18. Gnädige Frau *(chère madame)*, gestatten Sie, daß ich Ihnen den Mantel *(votre manteau)* abnehme *(prendre)*.
19. Gnädige Frau, mir scheint, ich war vor Ihnen da.
20. Bouzigue hat sich bei seiner Schwiegermutter darüber beschwert, daß er immer abwaschen muß *(être obligé)*.

30

1. Frau Bouzigue duldet nicht *(admettre)*, daß ihr Mann abends allein ausgeht *(sortir)*.
2. Da ich Bouzigue sehr gut kenne, finde ich, daß sie nicht ganz *(pas tout à fait)* unrecht hat. Ich finde es sogar logisch, daß sie so *(de la sorte, ainsi)* handelt *(agir)*.
3. Ich verstehe, daß der arme Bouzigue wütend ist.
4. Ich finde es nicht fair *(honnête)*, daß wir uns ständig über den armen Bouzigue lustig machen *(se moquer)*.
5. Legst du großen Wert darauf *(tenir beaucoup)*, daß ich komme?
6. Es ist wichtig *(il importe)*, daß jeder sein Möglichstes tut *(faire tout son possible)*.
7. Er behauptet, er könne nicht ertragen *(supporter)*, daß man beim Essen liest.
8. Er hat versprochen, daß wir unser Geld zurückbekommen *(récupérer)*.
9. Es würde mich nicht wundern, wenn *(que)* er den Zug verpaßt hätte *(manquer son train)*.

10. Ich bin fast sicher, daß er den Zug verpaßt hat.
11. Es ist besser, wir bleiben dabei *(en rester là).*
12. Ich wünschte *(j'aimerais tant),* er hätte recht.
13. Ich hoffe, du hast recht.
14. Der Chef *(patron)* ist wütend, daß ich ihm vor allen Leuten *(tout le monde)* widersprochen habe.
15. Sagen Sie ihm, ich sei beschäftigt und er solle ein anderes Mal kommen.
16. Ich kann überhaupt *(absolument)* nicht verstehen, warum du ihr böse bist *(en vouloir).*
17. Würden Sie so nett sein *(auriez-vous l'amabilité de)* und den Maître d'Hôtel bitten *(demander),* daß man mir heute die Suppe ohne Fliege serviert.
18. Ich bin der Meinung *(être d'avis, estimer),* diese Übung ist nicht besonders schwierig.
19. Und ich bin der Meinung *(être d'avis, proposer),* wir sollten sofort aufhören.
20. Ich bin froh, daß alles vorbei ist *(être fini).*

II. Subjonctif und Indicatif nach nicht affektiven Ausdrücken

Mettez les verbes entre parenthèses au temps et au mode qui conviennent:

31
1. Je crois bien que cet exercice (être) plus difficile que les précédents.
2. J'ai entendu dire que Bouzigue (avoir) fait un hold-up, mais je ne crois pas qu'il (avoir) pu faire une chose pareille.
3. J'ai bien l'impression qu'il (faire) beau demain.
4. Je me souviens que tu (avoir) les cheveux longs à cette époque.
5. Cela fait plus de huit jours qu'il n'a pas téléphoné. Crois-tu qu'il (être) fâché?
6. Je suis presque sûr qu'il (avoir) encore oublié que nous (avoir) une réunion.
7. On dirait que vous (avoir) l'air fatigué. Il est vrai qu'en ce moment, vous (avoir) sans doute beaucoup de travail.
8. Il m'a semblé en arrivant que la ville (avoir) beaucoup changé.
9. Trouves-tu que la ville (avoir) changé?
10. Selon le ministère de la Santé, il ne semble pas que l'épidémie de typhus (pouvoir) prendre des proportions alarmantes.
11. Il semble que dans cette affaire, la police n'(avoir) pas pris toutes les précautions utiles.
12. den gleichen Satz mit *il semblerait que.*
13. Que les Etats d'Europe ne (pouvoir) pas combattre isolément l'inflation, voilà qui ne fait aucun doute.
14. Admettez que votre comportement (avoir) de quoi surprendre!
15. Admettons que tu (avoir) raison: qu'est-ce que cela change?

16. Le ministre a admis que cette critique (être) fondée.
17. Je crois bien qu'il se (être) imaginé que nous ne (remarquer) rien.
18. Il est fort probable que le prix de l'essence (être) bientôt augmenté.
19. Il n'est pas impossible que le prix de l'essence (être) bientôt augmenté.
20. La plupart des experts prévoient que le taux de croissance ne (dépasser) pas 2 ou 3% l'année prochaine.

32

1. Je vous jure que je n'y (être) pour rien.
2. Je ne jurerais pas que Bouzigue (être) innocent.
3. Je ne dis pas que notre économie (être) brillante, mais je trouve que la situation n'(avoir) rien de catastrophique.
4. Il arrive fréquemment qu'un ordinateur (commettre) des erreurs lourdes de conséquences.
5. Je doute fort qu'il (réussir).
6. Quand il s'est marié, Bouzigue ne se doutait pas que sa femme le (quitter) un jour.
7. Excusez-moi, je n'avais pas vu que la place (être) réservée.
8. Il affirme qu'il (falloir) prévenir la police, mais je ne vois pas que cela (être) nécessaire.
9. Comment se fait-il que je n'(avoir) pas été prévenu?
10. J'avais cru qu'il (intervenir) en ma faveur.
11. J'avais espéré qu'il (intervenir) en ma faveur.
12. Au cas où tu (espérer) qu'il (faire) quelque chose pour toi, tu te ferais des illusions.
13. Je m'attendais à ce qu'il (faire) un effort.
14. Il n'est pas exclu que je vous (rendre) visite un de ces jours.
15. Il me paraît improbable qu'il (revenir) sur sa décision.
16. Il paraît que Mme Bouzigue (avoir) quitté son mari.
17. Je suppose qu'elle (avoir) ses raisons.
18. Je ne nie pas que votre projet (être) réalisable, mais supposez qu'un obstacle imprévu (surgir): que comptez-vous faire alors?
19. Les Gaulois croyaient que le ciel (pouvoir) leur tomber sur la tête.
20. Il paraît qu'il y (avoir) encore des gens qui se figurent que la Terre (être) un disque!

33

1. Etes-vous sûr qu'il (avoir) bien compris que nous (avoir) rendez-vous ici et non chez vous?
2. Je n'ai malheureusement pas constaté tout de suite que la chemise (avoir) un défaut de fabrication et je me demande si le magasin (aller) me la reprendre.
3. Contrairement à ce qu'ont affirmé les journaux, je n'ai pas constaté que le président de la République (avoir) été mal à l'aise pendant sa conférence de presse.

4. Il se peut fort que vous vous (être) trompé.
5. On dirait que Bouzigue (avoir) pris du ventre pendant son séjour à la Santé.
6. Je n'ai pas l'impression qu'il (avoir) pris du ventre.
7. Il est exact que le général B. (s'être) rendu en Afrique du Sud, mais il ne s'agissait nullement d'une mission officielle mettant en cause la responsabilité du gouvernement.
8. Il paraît que le gardien de buts de Saint-Etienne (être) blessé, mais j'espère qu'il (être) rétabli pour le prochain match de Coupe d'Europe.
9. Ce que vous dites semble plausible, mais rien ne prouve que vous (avoir) raison.
10. Il a juré qu'il ne l'(avoir) pas fait exprès *(absichtlich)*.
11. Je ne jurerais pas qu'il (avoir) dit toute la vérité.
12. Répondant aux critiques violentes de l'opposition, le chef du gouvernement a déclaré qu'il ne se (souvenir) pas que la gauche (avoir) mieux gouverné le pays quand elle était au pouvoir.
13. J'imagine mal que Saint-Etienne (pouvoir) remporter la Coupe.
14. Elle s'imagine qu'elle (être) la plus belle.
15. Il semble que Bouzigue (avoir) trempé dans une affaire de trafic de drogue.
16. L'enquête a prouvé que Bouzigue (avoir) trempé dans une affaire de trafic de drogue.
17. Au bout de plusieurs heures d'interrogatoire, Bouzigue a fini par admettre qu'il (avoir) vendu de la drogue.
18. Je ne comprends pas pourquoi il ne (vouloir) pas se baigner. Peut-être qu'il ne (savoir) pas nager?
19. Il est peu probable que je (réussir) à terminer ce travail aujourd'hui.
20. Je suis presque sûr qu'il ne (s'attendre – *Présent*) pas à ce que nous (arriver) si tôt.

Traduisez:

34

1. Ich dachte, Sie seien krank.
2. Er behauptet, er habe das Geld schon zurückgegeben *(rendre)*.
3. Ich glaube nicht, daß Kindersendungen *(émission pour . . .)* immer ungefährlich *(inoffensif)* sind.
4. Kommissar Molhomme ist fest *(fermement)* davon überzeugt, daß er den Mörder *(assassin)* finden wird.
5. Glaubst du, daß er dazu fähig ist?
6. Daß der Subjonctif schwierig ist, das war mir von Anfang an klar *(savoir)*.
7. Ich bin nicht sicher, ob *(que)* er zu Hause ist.
8. Ich bin sicher, daß er nicht zu Hause ist.
9. Wenn ich sicher wäre, daß er zu Hause ist, würde ich ihn besuchen.
10. Weißt du denn nicht, daß Bouzigue im Gefängnis sitzt *(être)*?
11. Es kann sein *(il se peut)*, daß er noch nicht weiß, daß ich hier bin.

12. Ich kann mir vorstellen *(se douter)*, daß sie glücklich ist.
13. Ich bezweifle, daß der Wagen morgen fertig *(prêt)* ist.
14. Ich bezweifle nicht im geringsten *(pas le moins du monde)*, daß Sie Ihr bestes getan haben *(faire de son mieux)*.
15. Es ist möglich, daß Neuwahlen *(nouvelles élections)* stattfinden *(avoir lieu)*.
16. Es ist wahrscheinlich, daß Neuwahlen stattfinden.
17. Wir können die Möglichkeit *(l'éventualité)* nicht ausschließen, daß Neuwahlen stattfinden.
18. Mir scheint, daß du schlecht aussiehst *(avoir mauvaise mine)*.
19. Es scheint, daß die Polizei noch keine Spur *(piste, f.)* gefunden hat.
20. Warum habt ihr uns nicht mitgeteilt *(faire savoir)*, daß ihr umgezogen seid *(déménager)*?

35

1. Der Computer *(ordinateur)* behauptet, ich sei 1994 geboren.
2. Ich nehme an *(imaginer, supposer)*, daß sie an die 30 Jahre alt ist *(n'avoir pas loin de . . .)*.
3. Nehmen wir an *(imaginer)*, er möchte *(vouloir)* Ihnen tatsächlich kündigen *(renvoyer qn)*: welchen Grund hätte er dazu *(de le faire)*?
4. Ich vermute *(supposer)*, daß er Anzeige erstatten wird *(porter plainte)*.
5. Wenn die Polizei vermuten würde, daß Bouzigue schuldig ist, hätte sie ihn längst verhaftet.
6. Ich finde nicht, daß Sie schlecht gehandelt haben *(agir)*.
7. Es ist wahrscheinlich, daß mein Bruder zu Weihnachten kommt.
8. Es ist nicht ausgeschlossen, daß die Versicherung für den Schaden *(le sinistre)* aufkommt *(prendre en charge)*.
9. Ich war nicht darauf gefaßt *(s'attendre, Imparfait)*, daß er so reagiert *(réagir)*.
10. Ich kann nicht verstehen, warum er uns belogen hat *(mentir à qn)*.
11. Ich sage nicht, daß Sie unrecht haben, aber ich zweifle, ob *(que)* Sie Ihre Ansicht *(point de vue)* durchsetzen können *(réussir à imposer)*.
12. Ich bin nicht in diesen Film gegangen, weil ich gedacht habe, er sei schlecht.
13. Ich habe nie daran gezweifelt, daß Sie ehrlich sind.
14. Ich hatte vergessen *(je ne me souvenais plus)*, daß er einen Bart hat *(porter la barbe)*.
15. Ich kann mich nicht erinnern *(je ne me souviens pas)*, daß er jemals einen Bart gehabt hat.
16. Es ist erwiesen *(prouvé)*, daß er falsche Ausweise *(papiers)* hergestellt hat.
17. Vergiß nicht, daß wir verabredet sind *(avoir un rendez-vous)*.
18. Es kommt vor *(il arrive)*, daß ich beim Fernsehen *(en regardant . . .)* einschlafe.
19. Es heißt *(il paraît)*, daß er trinkt.
20. Ich hoffe, daß wir keinen Ärger bekommen *(avoir des ennuis)*.

36 1. Kommissar Latuile vermutet *(présumer),* daß der Einbrecher *(le cambrioleur)* ein Profi *(professionnel)* war.
2. Daß der Einbrecher ein Profi war, das hat der Kommissar gleich gemerkt.
3. Ich bezweifle, daß er den Brief rechtzeitig *(à temps)* bekommt.
4. Ich nehme an *(imaginer),* daß sie sehr darunter *(en)* gelitten hat.
5. Bouzigue hätte nie gedacht, daß er eines Tages berühmt sein würde.
6. den gleichen Satz mit *se douter.*
7. Wenn ich sicher wäre, daß es sich lohnt *(en valoir la peine),* würde ich keinen Augenblick *(instant)* zögern.
8. Auch *(même)* in Frankreich kommt es selten vor, daß Pfarrer streiken *(faire grève* od. *faire la grève).*
9. Haben Sie gewußt *(Imparfait),* daß die kleine Brösel schon verheiratet ist?
10. Es ist nicht ausgeschlossen, daß Bouzigue den Briefträger umgebracht hat.
11. Es ist wohl möglich *(il se peut fort),* daß Bouzigue schuldig ist.
12. Es ist sehr unwahrscheinlich, daß Bouzigue schuldig ist.
13. Ich bin fast sicher, daß Bouzigue schuldig ist.
14. Ich vermute, daß er schuldig ist.
15. Ich hoffe, daß er einen guten Anwalt *(avocat)* finden wird.
16. Nehmen wir an *(supposer, admettre),* Bouzigue wäre schuldig: Kannst du dir vorstellen *(s'imaginer),* warum er das getan hätte?
17. Hat man Ihnen noch nicht gesagt, daß Sie schöne Augen haben?
18. Ich bitte Sie um Verzeihung, ich habe nicht gesehen, daß ich auf Ihrem Pudel *(caniche, m.)* saß. Hoffentlich sind Sie mir nicht böse.
19. Findest du nicht, daß der vorige Satz etwas makaber ist?
20. Der Leiter der Bundesanstalt für Arbeit *(Agence Nationale de l'Emploi)* rechnet nicht damit *(compter),* daß die Zahl der Arbeitslosen *(chômeur)* zurückgehen *(régresser)* wird *(= kann).*

37 1. Ich habe nicht den Eindruck, daß wir auf dem richtigen Weg sind.
2. Es könnte sein *(il se pourrait),* daß wir Regen bekommen *(avoir).*
3. Glaubst du, daß es sich lohnt *(en valoir la peine)?*
4. Ich weiß wirklich nicht, wann er zurückkommt *(revenir).*
5. Diese Theorie geht davon aus *(suppose),* daß Sprache ein logisches System ist.
6. Stell dir vor *(imaginer),* du wärst unsichtbar.
7. Du siehst so aus *(on dirait que),* als ob du einen Kater hättest *(avoir la gueule de bois).*
8. Ich möchte gern wissen, warum du mir nicht gesagt hast, daß wir kein Geld mehr haben.
9. Ich bin nicht sicher, ob (*que*-Satz) er eine gute Wahl getroffen hat *(bien choisir).*
10. Der Fahrer hat wahrscheinlich *(il est probable que)* nicht gesehen, daß die Ampel *(le feu)* auf rot geschaltet hatte *(passer au rouge).*

11. Nehmen wir an *(supposer),* wir wären fünf Minuten später gekommen.
12. Bouzigue soll *(il paraît)* einen Briefträger umgebracht haben.
13. Wie kommt es *(comment se fait-il),* daß du es noch nicht weißt?
14. Ich bezweifle, daß er seine Unschuld *(innocence, f.)* beweisen kann.
15. Ich kann mir vorstellen *(je me doute),* daß es ihm schwerfallen wird *(avoir du mal à),* seine Unschuld zu beweisen.
16. Es stimmt zwar *(il est exact),* daß Frau Bouzigue und der Briefträger sich sehr oft getroffen haben, aber das beweist lange nicht *(aucunement),* daß Bouzigue schuldig ist.
17. Vielleicht *(peut-être que)* sagt Bouzigue die Wahrheit.
18. Bouzigue bildet sich ein *(se figurer),* daß man keinen Beweis gegen ihn hat.
19. Bouzigue hat geschworen, er habe es nicht getan *(= ce n'est pas lui).*
20. Ich bin fast sicher, daß er es getan hat.

III. Subjonctif und Indicatif im Relativsatz

Mettez les verbes entre parenthèses au temps et au mode qui conviennent:

38

1. Pourriez-vous m'indiquer un endroit où je (pouvoir) passer la nuit?
2. A Rouen, la cathédrale n'est pas le seul monument qui (être) digne d'intérêt.
3. Je connais un magasin de disques qui (faire) des réductions aux étudiants.
4. Imaginez un faussaire qui (faire) des tableaux aussi vrais que les vrais tableaux.
5. Nous cherchons depuis longtemps une méthode qui (permettre) de réduire considérablement les coûts de production.
6. C'est le cheval le moins connu qui (avoir) remporté la victoire.
7. Ce sont les plus belles vacances que nous (avoir) passées jusqu'ici.
8. Ce sont les objets les plus rares qui (être) les plus chers.
9. C'est une des rares occasions que nous (avoir) de nous amuser.
10. J'aurais besoin de la couverture qui (être) dans la voiture. Tu veux bien aller me la chercher?
11. Je crains fort que nous ne (trouver) personne qui (vouloir) bien nous aider.
12. C'est vraiment le dernier homme à qui l'on (pouvoir) demander un service.

39

1. Ce sont toujours les moments les plus agréables dont on se (souvenir) le mieux.
2. C'est bien le plus mauvais film que j'(avoir) jamais vu!
3. J'aurais besoin d'une voiture qui (être) plus économique.
4. C'est le moins qu'on (pouvoir) dire *(= Das kann man wohl sagen).*
5. Quand elle va acheter une robe, c'est toujours la plus chère qui lui (plaire) le mieux.

6. L'enquête n'a apporté aucun élément qui (pouvoir) confirmer l'hypothèse d'un acte de sabotage.
7. Il n'y a que deux jours qu'ils (être) partis.
8. Il n'y a que lui qui (savoir) le faire.
9. C'est la principale objection que nous (avoir) à faire.
10. Nous n'avons rien fait qui (avoir) pu le vexer.
11. Ce sont les premiers films de Truffaut que je (connaître) le mieux.
12. J'ai acheté un couteau qui (pouvoir) servir aussi d'ouvre-boîtes.

Traduisez:

40 1. Sie sucht ein Mädchen *(jeune fille),* das auf ihr Baby aufpaßt *(venir garder),* während sie einkauft.
2. Es ist der beste Whisky, den ich je getrunken habe.
3. Viele behaupten, es gäbe nichts, was schwieriger wäre als der Subjonctif.
4. Ich kenne wenig Leute, die soviel Mut haben.
5. Sie kennt ein Mädchen, das bereit ist *(vouloir bien),* auf ihr Baby aufzupassen.
6. Es ist wirklich das einzige, was ich für Sie tun kann.
7. Ich kenne niemand, der netter ist als Bouzigue.
8. Ich habe eine Platte *(disque, m.)* gekauft, die dir gefallen wird.
9. Bouzigue wird Schwierigkeiten haben *(avoir du mal à),* einen Anwalt zu finden, der nicht zu teuer ist.
10. Man hat immer noch keinen Impfstoff *(vaccin, m.)* gefunden, der dieser Krankheit vorbeugen *(prévenir qc)* kann.
11. Haben Sie das Hotel gefunden, das ich Ihnen empfohlen hatte?
12. Ich möchte einen Anzug, der nicht zu elegant ist und den ich jeden Tag tragen kann.
13. Die Concorde ist das schnellste Linienflugzeug, das es auf der Welt gibt.
14. Es gibt nicht viele Franzosen, die gut englisch können.
15. Ich habe in der ganzen Bibliothek gesucht, ohne ein einziges Buch zu finden, das mir nützlich sein *(servir)* kann.
16. Ist unter euch jemand, der mir 50 Francs leihen kann?
17. Ich möchte einen Campingplatz *(terrain de camping)* finden, der näher am Meer liegt *(être situé).*

IV. Der Gebrauch des Modus nach Konjunktionen

Mettez les verbes entre parenthèses au temps et au mode qui conviennent:

41 1. J'ai compris ce qu'il voulait avant même qu'il le (dire).
2. Après que tu (avoir) lavé la vaisselle, tu pourras passer l'aspirateur dans le salon.

3. J'ai pris la voiture sans que mon père le (savoir).
4. Tu serais gentil de faire attention à mes affaires jusqu'à ce que je (revenir).
5. Tout a bien marché, jusqu'au moment où nous (être) arrivés à la frontière.
6. Du moment que vous le (dire), je vous crois.
7. Sous prétexte que sa femme l'(avoir) quitté, Bouzigue s'est mis à boire.
8. Il me semble que je vous (avoir) déjà vu quelque part. A moins que je [ne] vous (confondre) avec quelqu'un d'autre?
9. J'ai demandé qu'on me (prévenir) dès qu'il y (avoir) du nouveau.
10. Tant qu'il y (avoir) du soleil, je suis content.
11. Les voisins du dessus sont incroyablement bruyants. A tel point que nous (être) obligés de nous mettre du coton dans les oreilles pour ne plus les entendre.
12. Au cas où il (pleuvoir), nous irons au cinéma.
13. En cas qu'il (pleuvoir), nous irons au cinéma.
14. Pour peu que la banque (être) fermée, nous n'aurons pas un sou pendant tout le week-end.
15. Cela fait plusieurs mois que je ne l'ai pas revu, si bien que je ne (pouvoir) pas vous dire où il (être).
16. J'ai modifié le texte de façon qu'il (être) plus facile à traduire.
17. Il est grand temps que nous (partir). D'autant plus que nous (avoir) certainement du mal à trouver une place pour nous garer.
18. Quand bien même il le (jurer) sur la tête de sa mère, je ne le croirais pas.
19. Pourvu qu'il n'(avoir) pas manqué son train, il sera là dans une heure au plus tard.
20. Je ne suis plus retourné à Paris ces derniers temps, de sorte que je ne (être) plus très au courant de ce qui se passe dans le domaine du cinéma.

42

1. Je ferai tout pour qu'il (revenir) sur sa décision.
2. Nous avons attendu qu'il ne (pleuvoir) plus, si bien que nous (être) arrivés un peu plus tard.
3. Etant donné qu'il (venir) d'être opéré du ménisque, il ne peut pas encore jouer.
4. J'aurais aimé te voir avant que tu (partir).
5. Il s'est comporté de façon à ce que personne ne (s'apercevoir) de rien.
6. Dis-le-lui de façon qu'il ne (être) pas trop choqué.
7. Notre équipe a tellement mal joué que j'(avoir) fermé le poste.
8. Cette voiture a été conçue de manière qu'elle (être) la plus économique possible.
9. Je veux bien manger au restaurant à condition que ce ne (être) pas trop cher.
10. Bien qu'il se (être) efforcé de parler très lentement, je n'ai pas compris un mot.
11. Pendant que tu (faire) les courses, je vais passer l'aspirateur.
12. Si Alain téléphone et qu'il (avoir) envie de sortir ce soir, dis-lui de passer nous prendre.
13. Il a eu de la chance de ne pas être blessé. D'autant plus qu'il n'(avoir) pas attaché sa ceinture de sécurité.

14. Ne venez pas trop tard, afin qu'on (avoir) encore le temps de faire une partie de cartes.
15. A mesure que nous (avancer), la neige devenait de plus en plus profonde.
16. A supposer qu'il (être) tombé dans un embouteillage, il ne sera pas là avant une heure.
17. Vu qu'il ne nous (avoir) rien dit, nous ne sommes pas censés le savoir.
18. Le corps était complètement calciné *(verkohlt),* de manière qu'il (être) difficile de l'identifier.
19. Pour peu qu'il y (avoir) un western à la télé, il ne voudra sûrement pas sortir.
20. Depuis que je (prendre) ce médicament, je n'ai plus mal à l'estomac.

Traduisez:

43
1. Wir haben alles getan, damit *(pour que)* er sich wohl fühlt *(se sentir à l'aise).*
2. Es war wenig Verkehr, so daß wir schon um 4 Uhr zu Hause waren.
3. Ich möchte nach Hause gehen, bevor es dunkel wird *(faire nuit).*
4. Wir werden hier bleiben, bis du zurückkommst *(revenir).*
5. Kommen Sie morgen wieder, es sei denn, es macht Ihnen nichts aus, hier zu warten.
6. Wir werden die Ware *(la marchandise)* unter der Bedingung bestellen, daß Sie uns einen Preisnachlaß *(rabais, m.* oder *réduction)* gewähren.
7. Ich lasse etwas im Kühlschrank für den Fall, daß du noch nicht gegessen hast, wenn du heimkommst.
8. Wenn er kommt und ich noch nicht da sein sollte (2 Mögl.), sag ihm, er soll warten.
9. Die Polizei vermutet *(présumer),* daß der Einbrecher durch das Kellerfenster eingedrungen ist, nachdem er die Gitterstäbe *(barreaux)* abgesägt *(scier)* hat.
10. Er ist weggegangen, ohne daß jemand es bemerkt hat *(se rendre compte).*
11. Obwohl Bouzigue unschuldig ist, wird ihm niemand glauben.
12. Als der Schuß *(coup de feu)* fiel *(éclater),* schaute ich mir gerade einen Krimi *(film policier)* an, so daß ich nicht gemerkt habe *(remarquer),* daß es sich um einen echten *(vrai)* Schuß handelte.
13. Bitte schreiben Sie Ihren Namen so, daß man ihn lesen kann.
14. Nicht, daß *(non que)* die Übung langweilig ist, aber ich bin froh, daß dies der letzte Satz ist.

V. Gemischte Übungen

Mettez les verbes entre parenthèses au temps et au mode qui conviennent:

44 1. – Monsieur le Ministre, pensez-vous que la montée des mouvements écologistes (devoir) être prise au sérieux?

– Il est exact que les écologistes (avoir) remporté un succès inattendu lors des dernières élections, mais je crois qu'il (s'agir) plutôt d'une mode et il ne semble pas qu'ils (pouvoir) véritablement diminuer l'influence des grands partis.

2. Estimez-vous nécessaire que la T.V.A. *(= taxe à la valeur ajoutée, Mehrwertsteuer)* (être) augmentée?

3. Vu que plusieurs grands constructeurs d'automobiles se (être) farouchement opposés à ce que la vitesse (être) limitée sur les autoroutes, on a toute raison de supposer que le Secrétaire d'Etat à la Sécurité routière (revenir) sur sa décision, si bien qu'on (pouvoir) s'attendre, pour l'année qui vient, à ce que le nombre des accidents (atteindre) un chiffre record.

4. Je comprends fort bien que vous (être) déçu. Mais je vous assure que ce (être) la seule chose que je (pouvoir) faire pour vous.

5. Bouzigue était heureux, jusqu'au moment où il (avoir) compris que sa femme le (tromper).

6. En attendant qu'il ne (pleuvoir) plus, je propose que nous (faire) une partie de belote.

7. «A supposer que votre femme (revenir), que ferez-vous?» a demandé le reporter de Paris-Match à Bouzigue. Celui-ci a répondu qu'il la (mettre) dehors, à moins qu'elle (promettre) sincèrement qu'elle ne (recommencer) plus.

8. Je vais lui écrire que je ne (être) pas libre et qu'il (venir) une autre fois.

9. Je cherche quelqu'un qui (venir) faire le ménage chez moi, à condition que cela ne (être) pas trop cher.

10. Il prétend qu'il (être) absolument indispensable que nous (prévenir) la police, mais je n'estime pas que cela (être) nécessaire.

11. Qu'il (avoir) mal agi, c'est certain, mais il serait injuste que nous (refuser) de l'aider.

45 1. Pour les prochaines vacances, j'aurais bien voulu trouver un petit hôtel qui ne (être) pas trop cher, mais je crains fort qu'il ne (être) déjà trop tard.

2. – Monsieur le Ministre, l'opposition soutient que les mesures que vous (avoir) adoptées ne (être) pas propres à relancer efficacement l'économie.

– L'opposition souhaiterait que la production (être) maintenue artificiellement à un niveau élevé et exige par exemple que l'Etat ou les collectivités locales (faire) de grosses dépenses, quitte à s'endetter. Or, il est à notre avis fort douteux qu'une telle politique (pouvoir) assainir durablement l'économie. Nous estimons pour notre part qu'il (convenir) que nous (faire) d'abord porter nos efforts sur la lutte contre l'inflation. Nous reconnaissons volontiers qu'il (s'agir) là d'une politique de prudence, mais nous sommes convaincus qu'elle (porter) ses fruits.

3. J'ai appris que tu (chercher) un emploi qui (être) moins fatigant. Je comprends que tu (avoir) envie d'en changer!
4. Je ne m'oppose pas catégoriquement à ce que nous l'(inviter), j'espère seulement qu'il ne (gâcher) pas notre soirée.
5. Je ne peux vraiment pas m'imaginer comment il (avoir) pu faire une chose pareille, mais je suppose qu'il (avoir) ses raisons.
6. Bien qu'il n'en (avoir) rien laissé paraître, j'ai tout de suite compris qu'il (avoir) de graves ennuis.
7. Il serait peut-être plus juste que nous (attendre) que tout le monde (être) là.
8. Si tu as le temps demain et qu'il (faire) beau, je propose que nous (aller) nous baigner.
9. Il est exact que ma voiture (être) déjà très vieille, mais je suis presque sûr qu'elle (tenir) encore un an.
10. Les volets sont fermés chez les Bouzigue. J'ignorais qu'ils (être) déjà partis en vacances.
11. den gleichen Satz mit «je ne savais pas que».
12. Il me semble qu'à cette époque de l'année, nous (avoir) beaucoup de mal à trouver un hôtel qui ne (être) pas complet.

Traduisez:

46

1. Daß Bouzigue im Gefängnis sitzt *(être en . . .)*, wundert mich nicht im geringsten.
2. Niemand verläßt den Raum! *(sortir)*
3. Ich finde es verständlich, daß er wütend ist, aber ich finde auch, daß er zu weit geht (wörtlich übersetzen).
4. Es ist mir nicht aufgefallen *(se rendre compte* oder *remarquer)*, daß er müde war, sonst *(sinon)* hätte ich nicht vorgeschlagen, daß wir Karten spielen.
5. Er hat gesagt, ich solle warten, bis *(que)* er zurückkommt *(revenir)*.
6. Der Architekt meint *(estimer, être d'avis)*, das Haus müsse *(falloir)* abgerissen werden *(démolir)*.
7. Ich bin der Meinung *(être d'avis)*, wir sollten einen anderen Architekten beauftragen *(prendre)*.
8. Ich werde nicht dulden *(admettre)*, daß er seine Nase in meine Angelegenheiten *(affaires)* steckt *(mettre)*.
9. Bouzigue hat zugegeben *(admettre)*, daß er nicht die ganze Wahrheit gesagt hat.
10. Ich wundere mich, daß er noch nicht da ist. Es könnte sein *(il se pourrait)*, daß er einen Unfall gehabt hat.

11. Sie können sich wohl denken *(vous vous doutez bien),* daß wir uns sehr darüber freuen, daß Sie wieder gesund sind *(rétabli).*
12. Obwohl Bouzigue mehrmals gesagt hat, er sei fest davon überzeugt, daß seine Frau treu sei, hat er kürzlich *(récemment)* einen Privatdetektiv beauftragt *(demander),* sie zu beobachten.
13. Ich bezweifle, daß dieser Wagen noch fahren *(rouler)* kann.
14. Er glaubt wohl *(sans doute que . . .),* es sei selbstverständlich *(tout naturel),* daß wir ihm Geld leihen.
15. Ich möchte lieber, daß du es ihr sagst, bevor sie es von *(par)* einem anderen *(quelqu'un d'autre)* erfährt.
16. Findest du es normal, daß er verlangt hat *(exiger),* daß wir dem Gespräch *(l'entretien)* nicht beiwohnen *(assister)?*
17. Es tut mir leid, daß du in der Fahrprüfung durchgefallen bist *(être collé à l'examen du permis de conduire).*
18. Sie bildet sich ein *(se figurer),* daß sie Talent hat.
19. Ich rechne damit *(compter* oder *s'attendre),* daß er durchfällt *(être collé).*
20. Ich hatte vergessen *(oublier* oder *ne plus se souvenir),* daß sie geschieden ist.

47

1. Es lebe Frankreich!
2. Obwohl er immer freundlich ist, habe ich den Eindruck, daß er mich nicht leiden kann.
3. Ich kann mir leicht vorstellen *(je comprends sans peine),* daß du enttäuscht bist, aber ich finde, du hättest vorhersehen *(se douter* oder *prévoir)* können, daß sie dich eines Tages im Stich lassen würde *(laisser tomber).*
4. Ich bin sehr überrascht, daß Sie noch nicht erfahren haben, daß Bouzigue festgenommen *(arrêter)* worden ist.
5. Es scheint, daß es wenig Leute gibt, die diesen Film gut gefunden haben *(apprécier).*
6. Zum Teufel mit ihm!
7. Daß Bouzigue ein Trinker *(ivrogne)* ist, weiß jeder.
8. Bouzigue hat behauptet, er trinke höchstens drei Liter am Tag.
9. Kein Wunder, daß er es mit der Leber zu tun hat! *(avoir des ennuis avec son foie)*
10. Mehrere Studenten haben in einem Schreiben ans Ministerium den Wunsch geäußert *(ont exprimé dans une lettre . . . le désir . . .),* daß der Subjonctif endgültig abgeschafft *(supprimer)* wird.
11. Ein Sprecher *(porte-parole)* des Ministeriums versprach, daß er diese Forderung *(revendication)* unterstützen *(appuyer)* werde.
12. Es sei höchste Zeit, sagte er, daß Verhandlungen zwischen Paris und Bonn eingeleitet *(engager)* werden, damit eine rasche und unbürokratische *(non . . .)* Lösung dieses Problems herbeigeführt werden kann *(être apporté à . . .).*
13. Finden Sie es nicht seltsam, daß Frau Bouzigue ihren Mann verlassen hat?

14. Es ist normal, daß Bouzigue niedergeschlagen *(déprimé)* ist.
15. Ich hoffe, daß er sich schnell daran gewöhnt *(s'y faire).*
16. Ich bestehe darauf *(tenir),* daß du mitkommst *(venir avec nous).*
17. Es war kein Licht, so daß ich gedacht habe, Sie seien nicht zu Hause *(chez vous).*
18. Der Direktor hat es abgelehnt, daß wir sein Bild auf der Titelseite *(couverture)* der Schülerzeitung *(journal des élèves)* veröffentlichen *(publier).* Ich finde, er hat keinen Humor.
19. Zum Glück *(heureusement que)* ist die Übung zu Ende *(être fini).*
20. Gott sei Dank!

7 Die Konzession

Traduisez:

48 1. Obwohl er sehr berühmt ist, ist er nicht eingebildet *(prétentieux).*
2. Zwar ist in der Hauptstadt Ruhe eingekehrt *(calme, revenir),* aber die Lage bleibt explosiv.
3. Der Verein *(le club)* hat einen neuen Star *(une vedette)* verpflichtet *(engager),* obwohl er schon beträchtliche Schulden hat.
4. So schlau er auch ist *(rusé, futé),* er ist [genau] wie die anderen hereingefallen *(se faire avoir).*
5. Was immer dich bedrückt *(tourmenter),* du kannst mir alles sagen.
6. Wer immer es dir gesagt hat, es stimmt nicht.
7. Ich finde *(retrouver, Futur)* dich immer, wo du auch bist.
8. Welche Maßnahmen man auch immer ergreift *(prendre),* sie bleiben wirkungslos *(sans effet).*
9. Selbst wenn ich es mir finanziell leisten könnte *(en avoir les moyens),* würde ich diesen Wagen nie kaufen.
10. Ich muß ihn unbedingt sprechen, [und] sei es nur [für] eine Minute.

49 1. Obwohl die Zahl der Arbeitslosen *(le chômeur)* im Laufe des Jahres zurückgegangen ist *(régresser),* ist sie immer noch zu hoch *(élevé).*
2. Selbst wenn man mich ins Gefängnis gesteckt hätte *(mettre en prison),* würde ich meine Tat *(ce que j'ai fait* od. *de l'avoir fait)* nicht bereuen.
3. Obwohl wir alles versucht haben, hat es nichts genützt *(servir).*
4. Was auch immer geschieht *(arriver, unpersönlich),* wir bleiben zusammen *(Futur).*
5. Wen immer du treffen magst, sag nichts davon.
6. So seltsam es auch scheinen mag *(paraître),* es ist die Wahrheit.
7. So schwierig dieses Problem auch ist, es ist zu lösen.
8. Welchen Grund er auch angeben mag *(invoquer),* sein Verhalten ist unverzeihlich.
9. Obwohl er mir nie etwas angetan *(faire)* hat, finde ich ihn unsympathisch.
10. Wir müssen den Schuldigen finden *(retrouver),* wer er auch ist.

50 1. Obwohl er nie ein Tor geschossen *(marquer un but)* hat, will ihn der Verein *(le club)* behalten.
2. Selbst wenn ich es wüßte, würde ich es dir nicht sagen.

3. Was du auch sagst, niemand wird dir glauben.
4. Bouzigue trotzt *(affronter)* allen Gefahren, welche sie auch sein mögen.
5. So groß das Risiko auch sein mag, wir müssen den Kranken operieren.
6. Wem immer du es erzählt hast, es war unvorsichtig.
7. Aus welchem Grund auch immer . . .
8. Wie du es auch anfängst *(s'y prendre),* es wird dir nicht gelingen.
9. Wie immer man den Begriff ‹Kultur› definiert . . .
10. Wie dem auch sei . . . *(feste Wendung).*

8 Participe présent und Gérondif.

Transformez les phrases suivantes en utilisant des constructions participiales (participe présent ou gérondif) partout où c'est possible. Dans certains cas, on peut utiliser également une «construction participiale sans auxiliaire» («verkürzter Partizipialsatz» – par ex.: «[Une fois] la séance terminée» *au lieu de* «La séance étant terminée»).

51

1. La police a arrêté hier un automobiliste qui conduisait en état d'ivresse.
2. Tu serais gentil de mettre cette lettre à la poste quand tu iras en ville tout à l'heure.
3. Quand la nuit fut tombée, ils se mirent à chercher un gîte.
4. Pour bien réussir la mayonnaise, il faut la battre rapidement et verser l'huile doucement.
5. La consommation de drogue est un des problèmes qui inquiète le plus le ministère de la Santé publique.
6. Pour ouvrir, tourner le couvercle et tirer vers le haut.
7. Je n'ai jamais été à Paris et je n'ai donc pas encore vu la Tour Eiffel.
8. La Loi punit ceux qui contrefont des billets de banque.
9. Si vous prenez le train de six heures, vous n'arriverez jamais à temps.
10. Le président de la République a certes concédé que l'entretien s'était déroulé dans une atmosphère franche et constructive, mais il a tenu à souligner qu'il persistait entre les deux gouvernements des divergences de vue fondamentales.

52

1. Si l'on envisage les choses sous cet aspect, il faut bien avouer que vous avez raison.
2. Deux reporters attendaient devant le cinéma pour demander aux gens qui sortaient quelle impression ils avaient du film.
3. Maurice rougit jusqu'aux oreilles et s'excusa auprès de la jeune fille.
4. Je n'arrive pas à comprendre comment elle peut en même temps tricoter et regarder la télévision.
5. Comme je suis dans l'impossibilité de m'absenter, je vous serais reconnaissant de bien vouloir passer chez moi.
6. Dès qu'il fut sorti du bureau, il se précipita dans une cabine téléphonique.
7. Nous avons pris une chambre à l'hôtel, car nous ne voulions pas les déranger.
8. Monsieur le Ministre! J'ai l'intention de passer un an en France. Aussi ai-je absolument besoin d'une bourse. Si vous me l'accordez, vous pouvez être certain de faire une bonne action. Je vous remercie à l'avance et vous prie de croire, Monsieur le Ministre, à l'expression de ma haute considération.

9. L'employé continua à écrire et demanda sans relever la tête: «Qu'est-ce que vous voulez?»
10. Pour entrer dans la maison, je suis passé par la fenêtre.
11. De retour à Washington, l'envoyé spécial du président des Etats-Unis, qui répondait aux journalistes, devait notamment déclarer: «Vu que je suis optimiste de nature, je pense que nous devrions parvenir bientôt à un compromis qui permette d'entamer de nouvelles négociations».

53 1. Comme il était secrétaire d'Etat, il avait facilement accès aux documents secrets.
2. Quand je suis arrivé à la banque, les portes étaient déjà fermées.
3. Bouzigue se sentit fatigué et fit une pause.
4. Quand il vit cela, il devint tout rouge de colère.
5. Bouzigue avait peur de se perdre dans le métro et prit un taxi.
6. Bien qu'il ait une fortune considérable, il vit très simplement.
7. La Peugeot 504 de M. Dutronc dérapa sur la chaussée glissante et alla heurter de plein fouet *(mit voller Wucht)* un camion qui arrivait en sens inverse.
8. Quoiqu'il fût très éprouvé par la maladie, le président continua à exercer ses fonctions jusqu'au bout.
9. Bouzigue a fait signe à un taxi qui passait.
10. Quand l'orage eut cessé, il poursuivit son chemin.

54 1. Au moment où il ressortit de la banque, l'un des gangsters fut bousculé par un client qui entrait et perdit son masque.
2. Comme la jeune fille était grièvement blessée, elle a dû être opérée de toute urgence.
3. C'est quand je travaille que je fume le plus.
4. La météo avait annoncé du beau temps pour le week-end. Aussi avons-nous décidé de faire un pique-nique.
5. Le ministre, qui s'adressait aux journalistes, a remercié la presse internationale pour l'intérêt qu'elle a porté à l'évolution de son pays, non sans déplorer toutefois qu'elle en ait donné à maintes reprises une image «à sensation et fausse».
6. N'oubliez pas d'éteindre la lumière quand vous partirez!
7. Les négociations n'ont abouti à aucun résultat satisfaisant et les participants se sont séparés sans même fixer de date pour une prochaine rencontre.
8. Les deux chefs d'Etat ont rédigé un communiqué commun qui souligne leur volonté de poursuivre la politique de détente.
9. J'ai dû prendre froid quand je suis allé chercher le courrier dans la boîte aux lettres.
10. Quand il fut rentré chez lui, il commença par prendre un bon bain.
11. Si le président français affirme son désir de voir se réaliser rapidement l'Europe politique, il persiste cependant à bien marquer ses distances vis-à-vis de l'esprit

«atlantiste», c'est-à-dire d'une Europe qui se contenterait d'exécuter les directives en provenance de Washington. Comme il tient à préserver son prestige au dehors, faute de ne le pouvoir au dedans, il ne pourra y parvenir que s'il fait des concessions substantielles aux Américains et aux Allemands.

9 Der Infinitiv

Complétez les phrases suivantes au moyen de la préposition qui convient:

55 1. Il nous a proposé ... nous aider ... repeindre l'appartement.
2. J'hésite ... lui demander ... nous prêter de l'argent.
3. Je ne suis pas disposé ... me laisser faire.
4. Il va bientôt commencer ... pleuvoir.
5. Je crains ... me faire mouiller.
6. Dès qu'il aura cessé ... pleuvoir, je te redonnerai ton parapluie.
7. J'ai demandé ... parler au directeur. Sa charmante secrétaire m'a invité ... prendre place dans un salon et en attendant ... être reçu, je me suis occupé ... lire quelques revues.
8. Vous attendiez-vous ... / espériez-vous ... être reçu?
9. Le directeur a consenti ... / a accepté ... me recevoir.
10. Je l'ai prié ... m'accorder une augmentation de salaire, mais il a refusé ... m'écouter et m'a menacé ... me mettre à la porte.
11. Comme je ne tiens pas ... perdre ma place, je n'ai pas insisté.
12. Je ne suis pas près ... recommencer.
13. Pardonnez-moi ... vous déranger, je désirerais ... savoir où habite M. Jules Bouzigue.
14. Je suis désolé, cher Monsieur, je ne suis pas à même ... vous renseigner.
15. Il me semble bien ... avoir déjà eu le plaisir ... vous voir.
16. Prenez-donc la peine ... vous asseoir, chère Madame.
17. J'ai peine ... / j'ai du mal ... croire ce que vous me racontez là.
18. Bouzigue a avoué ... / a reconnu ... avoir battu sa femme.
19. Je soussigné, docteur A. Litté, certifie ... avoir examiné le jeune Jean Bonnot et le déclare apte ... effectuer son service militaire.
20. Il y a des gens qui sont incapables ... prendre la grammaire au sérieux.

56 1. Un philosophe contemporain a écrit: «Il vaut mieux ... être riche et bien portant plutôt que pauvre et malade».
2. Il est important ... faire bien attention aux pièges que l'auteur s'est amusé ... glisser dans les exercices.
3. Mais ils ne sont pas toujours faciles ... éviter.
4. Cela vous amuse ... faire de la grammaire?
5. Soyez gentille ... dire à votre mari ... éviter ... écraser ses cigarettes sur notre tapis persan.

6. . . . faire la grasse matinée est le passe-temps favori de Bouzigue.
7. Ne vous fatiguez pas . . . essayer . . . me faire changer d'avis!
8. Je suis fatigué . . . entendre toujours parler de Bouzigue.
9. Avez-vous le temps . . . prendre un verre avec nous?
10. La petite Dubois souhaite . . . trouver un mari.
11. Je lui souhaite . . . le trouver avant qu'il soit trop tard.
12. Mme Dubois espère . . . / désespère . . . trouver un mari à sa fille.
13. Il reste encore beaucoup de phrases . . . compléter.
14. J'ai eu beau . . . chercher . . . le lui expliquer, il a refusé . . . m'écouter.
15. Son seul plaisir est . . . collectionner les timbres.
16. Ce serait dommage . . . manquer une occasion pareille!
17. Nous n'avons pas les moyens . . . nous payer des vacances d'hiver.
18. Ces champignons sont-ils bons . . . manger?
19. Nous ne tarderons pas . . . connaître la vérité.
20. Il me tarde . . . faire la connaissance de vos parents.

57

1. Le Président de la République a demandé à la population . . . s'efforcer . . . économiser l'énergie.
2. Si tu ne te dépêches pas . . . t'habiller, nous risquons . . . rater le train.
3. A ta place, je ne me risquerais pas . . . lui en parler, il serait capable . . . faire une bêtise.
4. Bouzigue a habitué son chien . . . lui apporter le journal au lit.
5. Il est habitué . . . / il a l'habitude . . . lire son journal au lit.
6. Vous auriez intérêt . . . / feriez mieux . . . ne pas insister.
7. Il ne me déplaît pas . . . vous voir ainsi.
8. Ce serait une injustice . . . le condamner pour cela.
9. Le suspect a affirmé . . . / dit . . . / juré . . . être resté chez lui au moment du crime. Mais la sœur de la victime s'est acharnée . . . l'accabler en déclarant qu'elle se rappelait . . . l'avoir vu en train . . . sortir du coffre de sa voiture un gigantesque couteau de boucher.
10. Témoin, jurez . . . dire la vérité, toute la vérité, rien que la vérité. Levez la main droite et dites «je le jure».
11. S'il venait . . . l'apprendre, tout serait perdu.
12. Bouzigue vient . . . passer son permis de conduire.
13. Il a failli . . . écraser un agent de police.
14. Celui-ci l'a contraint . . . souffler dans le ballon.
15. Depuis, Bouzigue est obligé . . . marcher à pied.
16. Le ministre n'a pas daigné . . . répondre aux questions des journalistes.
17. Je ne dédaigne pas . . . lire de temps à autre un bon roman policier.
18. As-tu pensé . . . demander à Alain . . . venir . . . nous aider . . . repeindre l'appartement?

19. Nous pensons . . . / comptons . . . / projetons . . . partir en vacances au mois d'août.
20. Nous espérons . . . / souhaitons . . . avoir du beau temps.

58 1. A votre place, je ne me risquerais pas . . . / je n'essayerais pas . . . faire le voyage en un jour.
2. Vous risquez . . . être complètement épuisé en arrivant.
3. Il vaut mieux . . . / il est préférable . . . s'arrêter en route.
4. Quand avez-vous appris . . . nager?
5. J'ai hâte . . . / il me tarde . . . être en vacances.
6. Il se mêle . . . donner son avis à tout propos.
7. Ne vaudrait-il pas mieux . . . attendre?
8. Il est difficile . . . conduire à Paris.
9. Voilà l'adresse de l'hôtel – il est facile . . . trouver.
10. Cela ne te fera pas de mal . . . faire un peu de sport.
11. J'ai du mal . . . dormir en ce moment.
12. Cela m'a fait de la peine . . . le voir si triste.
13. J'ai peine . . . croire qu'il a/ait fait une chose pareille.
14. Il a semblé . . . ne pas comprendre.
15. Il me semble . . . être déjà venu ici.
16. Je vous souhaite . . . avoir plus de chance que moi.
17. Pour réussir, il ne suffit pas . . . vouloir.
18. Fais attention, un rien suffit . . . le mettre en colère.
19. Je lui ai offert . . . lui prêter de l'argent, mais il n'a pas osé . . . accepter.
20. Chargé . . . élucider une affaire importante, le jeune inspecteur s'est attaché . . . / s'est efforcé . . . ne laisser passer aucun indice susceptible . . . l'amener . . . découvrir le coupable.

59 1. Il est toujours prompt . . . rendre service.
2. Attendez-vous . . . me voir prochainement.
3. Si vous voyez Bouzigue un de ces jours, ne manquez pas . . . lui transmettre mes salutations.
4. Pardonnez-moi . . . vous interrompre, mais consentiriez-vous . . . répéter ce que vous venez . . . dire?
5. Ce pont menace . . . s'effondrer. Il serait bon . . . songer . . . le réparer.
6. Il prétend . . . n'avoir pas osé . . . nous déranger.
7. J'espère bien . . . ne pas être obligé . . . vous le redire!
8. Il a promis . . . essayer . . . faire vite.
9. Je préfère . . . ne pas chercher . . . comprendre.
10. Je ne me rappelle pas . . . lui avoir dit . . . venir.
11. C'est très agréable . . . manger dehors.

12. Cette voiture est très agréable . . . conduire.
13. Il s'est enfin décidé . . . cesser . . . boire.
14. Je n'ai pas osé . . . lui proposer . . . rester.
15. Je ne suis pas arrivé . . . le convaincre . . . ne pas y aller.
16. Nous avons commencé . . . manger vers 8 heures.
17. Il a commencé . . . faire du théâtre, puis il a tourné quelques films.
18. Nous n'avons pas encore fini . . . manger.
19. Si vous continuez . . . boire comme vous le faites, vous finirez . . . avoir une cirrhose.
20. Nous avons failli . . . être obligés . . . rentrer à pied.

Traduisez:

60

1. Ich will Sie nicht zwingen *(contraindre, forcer, obliger)*, darüber zu sprechen.
2. Jeder Bürger ist verpflichtet *(contraint, tenu)*, Steuern *(impôts, m. pl.)* zu zahlen.
3. Bouzigue hat beschlossen, die Scheidung einzureichen *(demander)*.
4. Bouzigue hat sich entschlossen, die Scheidung einzureichen.
5. Es wird *allmählich* dunkel (Verb + Infinitiv).
6. Ich werde mich bemühen *(s'efforcer)*, freundlicher zu sein.
7. Wäre es nicht besser *(valoir mieux + être préférable)*, über München zu fahren *(passer par)*?
8. Ich ziehe es vor, hier zu warten.
9. Es ist verboten, auf Brücken zu parken *(stationner)*.
10. Wer hat Ihnen erlaubt *(permettre, autoriser)*, hereinzukommen?
11. Eine Bohrmaschine *(la perceuse)* dient zum Löcherbohren *(percer . . .)*.
12. Es hat keinen Zweck *(ne servir à rien)*, sich aufzuregen *(s'énerver)*.
13. Wir haben *schließlich* einen Platz gefunden (Verb + Infinitiv).
14. Spielen Sie *gern* Fußball (Verb + Infinitiv)?
15. Ich fahre nie auf der Autobahn *(prendre)*, es sei denn, ich habe es eilig (präpositionaler Ausdruck + Infinitiv).
16. Ich erinnere mich nicht daran *(se rappeler* und *se souvenir)*, Ihnen gesagt zu haben, Sie sollen (mit Infinitiv) bei mir vorbeikommen *(passer)*.
17. Ich habe ihr geholfen, ihre Übersetzung zu machen.
18. Mein Freund wünscht, Ihre Bekanntschaft zu machen.
19. Bouzigue hat sich bereit erklärt *(se déclarer prêt)*, jeden Tag abzuspülen *(faire la vaisselle)*.
20. Die Untersuchung *(l'enquête)* stand *(était)* kurz vor dem Abschluß (präpositionaler Ausdruck + *aboutir)*.

61

1. Dieses Auto wurde *so* konzipiert *(conçu)*, *daß* es wenig Benzin verbraucht (präpositionaler Ausdruck + Infinitiv).

2. Hast du wieder vergessen, Butter zu kaufen?
3. Er hat wieder nicht daran gedacht, Butter zu kaufen.
4. Ich werde voraussichtlich *(je pense/je compte* + Infinitiv) gegen 8 Uhr ankommen.
5. Sie bildet sich ein *(s'imaginer),* ihren Mann überzeugen zu können *(convaincre, persuader, amener),* daß er (Infinitivkonstruktion) mit dem Trinken aufhört.
6. Es fängt an, zu regnen.
7. Ich habe vergeblich *(vainement)* versucht *(chercher, essayer),* ihn zu erreichen *(joindre).*
8. Es ist mir nicht gelungen *(réussir, arriver, parvenir),* ihn zu erreichen.
9. Ich werde mich *kaum* daran gewöhnen *können* (verbale Wendung + Infinitiv).
10. Ich hätte deinen Geburtstag *beinahe* vergessen (Verb + Infinitiv).
11. Wir haben uns *weiterhin* geschrieben (Verb + Infinitiv).
12. Es kommt oft vor, daß wir uns streiten (*arriver* + Infinitiv).
13. Diese Geschichte ist schwer zu glauben.
14. Es ist schwierig, chinesisch zu lernen.
15. Der Hausmeister behauptet/sagt *(prétendre, dire),* er habe einen Mann gesehen.
16. *Langsam* verstehe ich, was er will (Verb + Infinitiv).
17. Ich wollte dich *gerade* anrufen (Verb od. verbale Wendung + Infinitiv).
18. Packen *(défaire)* wir *zuerst* die Koffer aus (Verb + Infinitiv)!
19. *Wenn* man *ständig* von fliegenden Untertassen *(la soucoupe volante)* hört (präpositionaler Ausdruck + Infinitiv), glaubt man *schließlich* daran (Verb + Infinitiv).
20. Er ist *dermaßen (so sehr)* verliebt, *daß* er nicht mehr ißt (präpositionaler Ausdruck + Infinitiv).

62
1. Ich habe es ihm nicht erzählt, *weil* ich ihn *nicht* kränken *(vexer)* wollte (präpositionaler Ausdruck + Infinitiv, Gegenteil von *afin que*).
2. *Da* sie *nicht* (präpositionaler Ausdruck + Infinitiv) tippen kann *(écrire/taper à la machine),* hat sie die Stelle *(le poste)* nicht bekommen.
3. *Bevor* Sie gehen, vergessen Sie nicht, das Licht auszumachen.
4. Hör auf zu weinen!
5. Der Minister hat sich darauf beschränkt *(se borner)*/damit begnügt, ein allgemeines Bild *(le tableau)* der wirtschaftlichen Lage zu geben *(tracer).*
6. Er hat vor *(parler, projeter),* Medizin zu studieren.
7. Es fällt mir schwer *(avoir peine, avoir du mal),* es zu glauben.
8. Ich danke Ihnen, daß (Infinitivkonstruktion) Sie sich um das Abschicken (Infinitiv) der Einladungen gekümmert *(se charger, s'occuper)* haben.
9. Herr X hat geleugnet *(nier),* Subventionen bekommen *(toucher)* zu haben.
10. Wir werden es *bald* erfahren (verneintes Verb + Infinitiv).
11. Du *solltest lieber* mit ihm darüber sprechen (verbale Wendung + Infinitiv).
12. Ich gehe *lieber* zu Fuß (Verb + Infinitiv).

13. Der Arzt hat Bouzigue empfohlen/gebeten/befohlen/aufgefordert *(recommander/dire, demander/ordonner/inviter),* nicht mehr zu trinken.
14. Bouzigue hat behauptet/geschworen/versichert *(prétendre/jurer/assurer),* nicht mehr als zwei Liter am Tag getrunken zu haben.
15. Bouzigue hat dem Arzt versprochen/geschworen, nicht mehr zu trinken.
16. *Soeben* (Verb + Infinitiv) ist Bouzigue aus dem Gefängnis ausgebrochen *(s'évader de prison).*
17. Kommissar Latuile hat sich geweigert *(refuser, se refuser),* irgendwelche *(toute . . .)* Erklärungen zu diesem Vorfall *(affaire)* abzugeben *(faire).*
18. Wir essen *gerade* (verbale Wendung + Infinitiv).
19. Er behauptet *immer wieder* (verneintes Verb + Infinitiv), wir hätten etwas gegen ihn.
20. Trink *schnell* deinen Kaffee aus (Verb + Infinitiv), wir müssen fahren!

63

1. Ich fahre *lieber* (Verb + Infinitiv) auf der Bundesstraße *(la route nationale), auch wenn* ich länger dazu brauche (präpositionaler Ausdruck + *mettre plus de temps).*
2. *Dadurch, daß* wir *ständig* (präpositionaler Ausdruck + Infinitiv) über das Essen *(la cuisine)* sprechen, bekomme ich *langsam* (Verb + Infinitiv) Hunger.
3. Vergiß nicht/denk daran, die Katze rauszulassen *(faire sortir).*
4. Ich bin fest entschlossen, hinzugehen *(y aller).*
5. Ich habe es nicht gewagt, ihm zu widersprechen.
6. Ich bin überzeugt, daß (Infinitivkonstruktion) ich ihn schon gesehen habe.
7. Er ist *soweit gegangen* (Verb + Präposition + Infinitiv), mich einen Lügner zu nennen *(traiter).*
8. Unter dem Vorwand, noch nicht zu Abend gegessen zu haben *(dîner),* hat er unseren Kühlschrank ausgeräumt *(vider).*
9. Er ist *so* naiv, *daß* (präpositionaler Ausdruck + Infinitiv) er einem alles glaubt.
10. Er hat es abgelehnt, mit uns zu verhandeln *(négocier).*
11. Ich hatte nicht damit gerechnet *(s'attendre),* Sie hier zu treffen.
12. Ich danke Ihnen dafür, daß Sie mir geholfen haben.
13. Sprechen Sie langsamer, ich *kann* Sie *kaum* verstehen (verbale Wendung + Infinitiv).
14. Ich esse *nicht gern* allein (Verb + Infinitiv).
15. Er glaubt *immer noch* (Verb + Infinitiv), daß wir etwas gegen ihn haben.

10 Passiv und Passiversatz (Passivumschreibungen)

I. *De* oder *Par*?

Complétez les phrases suivantes au moyen de la préposition qui convient (dans certains cas, il faut compléter également l'article):

64
1. Le vieil homme a été frappé . . . deux voyous.
2. Quand on regarde attentivement ce tableau, on est frappé . . . l'exactitude des détails.
3. A la suite de cette émission, la direction de la première chaîne a été assaillie . . . lettres de protestation.
4. A sa descente d'avion, le chanteur a été assailli . . . une meute d'admiratrices.
5. Pendant sa tournée à Moscou, Gilbert Bécaud était accompagné . . . l'orchestre Pierre Devos.
6. Nous avons mangé un rôti de chevreuil accompagné . . . pommes dauphines.
7. L'actrice était accompagnée . . . ses deux enfants.
8. Sous l'Ancien Régime (= la Monarchie avant 1789), le peuple était écrasé . . . impôts.
9. Notre chien a été écrasé . . . une voiture.
10. Le jardin était entouré . . . un grand mur de pierre.

65
1. Je suis très surpris . . . la combativité dont a fait preuve l'équipe de France.
2. Le cambrioleur a été surpris . . . veilleur de nuit.
3. Il regarda dans le rétroviseur et constata qu'il était suivi . . . une voiture de police.
4. Ce plat est très apprécié . . . gourmets.
5. Pendant la grève des éboueurs *(Müllabfuhr),* les trottoirs étaient encombrés . . . ordures.
6. Les meubles sont couverts . . . poussière.
7. Les dégâts sont entièrement couverts . . . l'assurance.
8. Jacques Lafitte est arrivé en tête, suivi . . . son collègue Patrick Depailler.
9. L'émission sera suivie . . . un débat.
10. L'aéroport est surveillé . . . la police.

66
1. Sonny Rollins est bien connu . . . amateurs de jazz.
2. Bouzigue a été reconnu . . . un témoin.
3. La voiture a été estimée . . . un expert assermenté.
4. Il est très estimé . . . tous ses collègues.

5. Nous avons été très déçus . . . résultat des élections.
6. Je suis déçu . . . vous.
7. Le métal est recouvert . . . une couche d'émail protecteur.
8. Ma voiture a été entièrement recouverte . . . la neige.
9. Les Beatles ont été décorés . . . la reine d'Angleterre.
10. Les Beatles ont été décorés . . . l'ordre de la Jarretière.

67 1. J'ai été assez surpris . . . sa réaction.
2. Bouzigue ne savait pas qu'il était suivi . . . deux inspecteurs de la Police Judiciaire.
3. Cette émission a été suivie . . . plusieurs millions de téléspectateurs.
4. Le réalisateur a été frappé . . . l'extraordinaire beauté de la jeune comédienne et l'a aussitôt engagée pour son prochain film.
5. Cette année, je ne pourrai pas partir en vacances, je suis écrasé . . . travail.
6. J'ai été pris . . . peur.
7. Le village a été entièrement recouvert . . . la coulée de lave.
8. J'ai été effrayé . . . l'aboiement d'un chien.
9. Nous sommes effrayés . . . dimensions que prend cette affaire.
10. Les mines de cuivre de ce pays sont exploitées . . . une société française.

II. Transformationen Aktiv → Passiv

Transformez les phrases suivantes en phrases passives chaque fois que c'est possible. Utilisez une **«périphrase passive»** *(«Passiversatz, Passivumschreibung») là où c'est possible.*
Les termes entre parenthèses ne doivent plus apparaître dans la nouvelle phrase; les termes en italique (kursiv) doivent être transformés en sujet.

68 1. (On) a constaté une augmentation très nette du nombre des intoxiqués (hier: Drogenabhängige) parmi les jeunes de moins de vingt ans.
2. Sans l'aide de l'armée, (on) n'aurait pas pu secourir à temps les habitants du village.
3. Deux voyous ont agressé Mme Benoist, retraitée, 79 ans, devant son domicile.
4. (C'est) la municipalité (qui) a offert *le premier prix du rallye touristique.*
5. Le personnel de l'entreprise a offert un tableau *au président-directeur général* pour son 60e anniversaire.
6. Le personnel de l'entreprise a offert *un tableau* au président-directeur général pour son 60e anniversaire.
7. (La nouvelle loi) prévoit que (l'Etat) pourra accorder *des prêts à faible taux d'intérêt* aux entreprises en difficulté.
8. (On) ne *m*'a pas autorisé à entrer.

9. (On) ne m'a pas permis d'entrer.
10. (On) a dû opérer *la jeune fille* d'urgence.
11. L'opposition a violemment critiqué *les mesures d'austérité du gouvernement.*

69 1. (On) *vous* demande au téléphone.
2. (Je) *vous* demande de ne pas faire de bruit.
3. (Je) *vous* prie de ne pas fumer.
4. La police a interdit *aux journalistes* de prendre des photos.
5. (On) a cambriolé *ma voiture.*
6. (On) *m'*a volé tous mes papiers.
7. (On) aurait facilement pu éviter *la catastrophe.*
8. J'ai demandé que le directeur *me* reçoive.
9. Personne ne *m'*a prévenu.
10. Dans ce texte, (les auteurs) proposent que (le gouvernement) constitue une commission d'experts *que* (l'on) chargerait de contrôler l'application de la loi.
11. Le Bayern de Munich a battu *Saint-Etienne.*
12. (On) a retiré *aux deux avocats coupables de faux témoignage* leur licence *(Berufserlaubnis).*

Transformez les phrases suivantes au moyen d'un **«passif pronominal»** *chaque fois que c'est possible.*
Les termes entre parenthèses ne doivent plus apparaître dans la nouvelle phrase; les termes en italique (kursiv) doivent être transformés en sujet.
Exemple: On ouvre *la porte* → **La porte s'ouvre.**

70 1. On lit *ce roman* avec plaisir.
2. Quand on est très enrhumé, il est préférable d'utiliser des mouchoirs *que* l'on (peut) jeter après usage.
3. On ne fait plus *le baise-main.*
4. On peut employer adverbialement *l'adjectif «bas».*
5. (Il faut) payer *les cigarettes* à la commande.
6. On peut mettre *cette chemise* sans cravate.
7. On oublie toujours très vite *les mauvais moments.*
8. On oublie toujours très vite *les amis.*
9. On vend *les moules* au litre et non au kilo.
10. On peut manger *ce plat* froid.
11. (Il faut) toujours tenir *les enfants* par la main.

71 1. On pratique de plus en plus *le rugby* dans les écoles.
2. On comprend difficilement *les Canadiens.*
3. On pêche *les crevettes* au filet.

4. La belote est un jeu de cartes *que* l'on joue à quatre.
5. On ne prépare pas *un voyage aux Etats-Unis* à la légère.
6. On ne doit pas mettre *les enfants de moins de 12 ans* sur le siège avant.
7. C'est une évolution *qu*'on observe surtout dans les pays industrialisés.
8. On (est en train de) construire *de nouveaux quartiers.*
9. On achète *le fromage* à la crèmerie.
10. On traite *cette maladie* à la cortisone.
11. On soigne *ces malades* à la cortisone.

Traduisez en utilisant un passif chaque fois que c'est possible:

2 1. Mein Hemd wird gerade gebügelt.
2. Ich wurde nicht danach gefragt.
3. Mir sind zwei Kugelschreiber gestohlen worden.
4. Die Umgebung *(les environs)* des Flughafens wird streng *(étroitement)* bewacht *(surveiller).*
5. Französisch wird nicht nur in Frankreich gesprochen.
6. Hier wird spanisch gesprochen.
7. Bouzigue wird verdächtigt *(soupçonner),* an dem Banküberfall *(le hold-up)* beteiligt gewesen zu sein.
8. Dieses Stadtviertel wird abgerissen *(démolir).*
9. Zeitungsartikel müssen oft nachts verfaßt *(rédiger)* werden.
10. Ein neues Haus wird gebaut.
11. Es wurde nichts beschlossen.
12. Die Nationalversammlung wird alle vier Jahre gewählt *(élire).*
13. Wann wird gefrühstückt?
14. Die Unfallstelle *(le lieu de l'accident)* wird geräumt *(dégager).*
15. Fertighäuser *(maisons préfabriquées)* werden in einer Woche gebaut.

11 Die Verneinung

I. Stellung

Traduisez:

73 1. Wir sind nicht sehr lange geblieben.
2. Haben Sie es ihm nicht gesagt?
3. Wir haben uns nicht mehr darum gekümmert *(s'occuper)*.
4. Bouzigue hat seine Frau nie geschlagen.
5. Ich bin nicht hingegangen *(hin = y)*.
6. Wir haben keinen Platz mehr gefunden.
7. Bouzigue hat kaum *(guère)* zugenommen.
8. Hast du nie daran gedacht, zu heiraten *(songer)*?
9. Haben Sie nichts vergessen?
10. Nichts hindert dich daran.
11. Niemand ist vollkommen.

74 1. Letzte Nacht habe ich kaum *(guère, pratiquement pas)* geschlafen.
2. Er hat keine *(aucune)* Chance, das Rennen zu gewinnen.
3. Nie wird man ihr glauben!
4. Es tut mir leid, ich habe nichts anderes gefunden.
5. Es meldet sich niemand *(répondre)*.
6. Keiner *(aucun)* von uns hat verstanden.
7. Er hat sich an nichts erinnert *(1. se rappeler, 2. se souvenir)*.
8. Ich habe niemanden gesehen.
9. Er ist kaum älter geworden *(vieillir)*.
10. Haben Sie sich nicht in der Adresse geirrt *(se tromper de)*?
11. Er hat sich um nichts gekümmert *(s'occuper)*.

75 1. Ich habe beschlossen, nicht mehr hinzugehen *(hin = y)*.
2. Er hat geschworen, nie zu heiraten.
3. Sind Sie sicher, daß (*de* + Infinitiv) Sie nichts vergessen haben?
4. Hoffentlich habe ich niemanden vergessen (Infinitivkonstruktion).
5. Er tut immer so, als ob *(faire semblant de* + Infinitiv) er mich nicht kennen würde.
6. Er ist davon überzeugt, nichts Ungerechtes getan zu haben.
7. Ich bedaure, Ihnen nicht helfen zu können.

8. Er behauptet, mich nie gesehen zu haben.
9. Ich möchte niemanden benachteiligen *(désavantager)*.
10. Er tut so *(faire semblant de* + Infinitiv), als ob er nichts verstehen würde.
11. Bouzigue gibt vor *(prétendre)*, seine Frau nie geschlagen zu haben.
12. Es tut mir leid *(regretter de* + Infinitiv), daß ich Sie nicht früher habe anrufen können.
13. Er gibt vor, sich an nichts zu erinnern *(1. se rappeler, 2. se souvenir)*.

II. Gebrauch des Artikels

Traduisez:

76

1. Ich habe kein Auto.
2. Es ist kein Bier mehr da.
3. Bouzigue hat nie Glück gehabt.
4. Ich mag keine Krokodile.
5. Unsere Mannschaft hat kaum *(guère)* Chancen, das Spiel zu gewinnen.
6. Machen Sie keine Umstände *(manières)*!
7. Hast du Geld? Ich habe keines.
8. Wenn kein Bier da ist, trinke ich Wein.
9. Haben Sie die Zeitung noch nicht gelesen?
10. Die Minister trennten sich, ohne eine Entscheidung getroffen zu haben.
11. Krokodile sind keine Haustiere *(animal domestique)*.
12. Ich habe keine Zeit.
13. Ich habe keine rote Nase!
14. Er hat uns keine [einzige] Ansichtskarte geschickt.
15. Ich trinke nie Kaffee, nur Tee.
16. Ich habe kein Bier bestellt, sondern Rotwein!

III. Positiver Gebrauch von *rien, personne, jamais* und *aucun*

Traduisez:

77

1. Bouzigue hat nie etwas Böses *(mal)* getan.
2. Ich habe nie etwas anderes behauptet.
3. Niemand hat etwas gemerkt *(1. remarquer, 2. s'apercevoir)*.
4. Er ist reich geworden, ohne jemals etwas dafür *(pour cela)* getan zu haben.
5. Ich habe noch nie etwas so Schönes gesehen.
6. Sie kann niemandem etwas abschlagen *(refuser)*.
7. Niemand hat etwas gesagt.

8. Nie wird dir jemand glauben!
9. Du hast dich nie für etwas interessiert.
10. Er ist weggegangen *(partir)*, ohne sich von jemandem zu verabschieden *(dire au revoir)*.
11. Er hat diese Entscheidung getroffen, ohne jemanden zu fragen *(consulter)*.
12. Ich habe noch nie jemanden um etwas gebeten *(demander)*.

IV. Kombinationen mit anderen Verneinungen und Zeitadverbien

Traduisez:

78
1. Ich bin nicht immer einverstanden *(d'accord)*.
2. Ich bin immer noch nicht einverstanden.
3. Wir gehen kaum noch aus *(sortir)*.
4. Ich werde nie wieder mit dir Karten spielen!
5. Ich sage (Futur) nichts mehr!
6. Haben Sie Ihr Geld immer noch nicht bekommen *(toucher)*?
7. Er ist nicht immer so gut gelaunt.
8. Wir sind noch nicht umgezogen *(déménager)*.
9. Du hast wieder nicht daran gedacht, Brot zu kaufen!
10. Ich war noch nie in Paris (Passé composé).
11. Seit drei Wochen hat er nichts mehr getan.
12. Ich habe nie mehr davon gehört *(entendre parler)*.

79
1. Sie wiegt kaum *(guère, à peine)* mehr als 50 Kilo.
2. Ich habe noch keinen Hunger.
3. Es ist immer noch nichts geschehen *(se passer,* mit unpersönlichem *il*).
4. Wir geben nie mehr als 1000 Francs im Monat für das Essen *(pour manger)* aus.
5. Wir können anfangen, es wird bestimmt niemand mehr kommen (mit unpersönlichem *il*).
6. Ich habe noch nie ein Krokodil gesehen.
7. Wir kennen noch niemanden hier.
8. Sprechen Sie englisch? – Nicht immer.
9. Sind Sie fertig? – Noch nicht.
10. Er macht niemals mehr als nötig *(qu'il ne* od. *n'en faut)*.
11. Ich habe immer noch nichts gefunden.
12. Bouzigue geht kaum noch ins Büro.

V. *Du tout* und *non plus*

Traduisez:

80 1. Ich habe gar nichts verstanden.
2. Ich habe auch nichts verstanden.
3. Die Übung ist gar nicht leicht.
4. Ich mag auch keine Krokodile.
5. Es tut überhaupt nicht weh.
6. Wir haben gar nicht mehr daran gedacht.
7. Auch du hast die Lösung nicht gefunden.
8. Bist du mir böse? – Überhaupt nicht.
9. Ich mag sie nicht. – Ich auch nicht.
10. Du hast dich auch nicht verändert.
11. Auch ich habe nichts gehört.

VI. *Erst* und *nur*

Traduisez:

81 1. In diesem Monat hat Busik nur ein Tor geschossen *(marquer)*.
2. Der Film dauert nur eine Stunde.
3. Ich habe nur 10 Francs bei mir.
4. Die Wohnung hat nur zwei Zimmer.
5. Wir haben erst den 10. Mai.
6. Sie ist erst 20.
7. Gehen Sie schon *(partir)?* Es ist erst zehn Uhr.
8. Ich trinke kein Bier, nur Wein.
9. Ich glaube nur, was ich sehe.
10. Wir fahren erst nächste Woche in Urlaub.

82 1. Nur ein Wunder *(miracle, m.)* kann ihn retten.
2. Ich bin nur etwas enttäuscht.
3. Ich komme nur (Futur), wenn es nicht zu lange dauert.
4. Sie denkt nur an sich.
5. Bouzigue wäscht sich nur einmal in der Woche.
6. Nur Gott kann die Welt ändern.
7. Bei *(par)* diesem Wetter können wir nur Karten spielen.
8. In Europa setzte sich *(s'imposer)* der Rock-n'roll erst Ende der 50er Jahre durch.
9. Erst Ende der 50er Jahre setzte sich der Rock-n'roll in Europa durch.
10. Ich habe es erst gestern erfahren.

83 1. Das kann nur ein Fachmann *(spécialiste)* reparieren.
2. Keine Angst *(= Haben Sie . . .)*, ich scherze nur *(plaisanter)*.
3. Ich habe nur Angst, daß ihm etwas passiert *(arriver)*.
4. Ich werde es erst [dann] glauben, wenn ich es gesehen habe (Futur antérieur).
5. Bouzigue ernährt sich nur von Erdnüssen *(cacahuète, f.)*.
6. Nur wenige Studenten haben gegen diese Maßnahme protestiert.
7. Das kann nur ich machen.
8. Wir haben nur getanzt.
9. Erst mit 30 wurde er berühmt.
10. Nur ein Narr *(un fou)* kann so etwas *(une chose pareille)* behaupten!

VII. *Nicht nur, nur nicht*

Traduisez:

84 1. Zum Glück haben wir nicht nur Sorgen.
2. Bouzigue ernährt sich nicht nur von Erdnüssen *(cacahuète, f.)*.
3. Sie denkt nicht nur an sich.
4. Sie ist nicht nur nett, sondern auch hübsch.
5. Ich trinke nicht nur Tee, sondern auch Kaffee.
6. Nicht nur Bouzigue hat Sorgen.
7. Nicht nur er hat es geglaubt.
8. Bouzigue hat nicht nur Banken ausgeräumt *(dévaliser)*, er hat auch falsche Banknoten hergestellt.
9. Wir haben nicht nur getanzt.
10. Nicht nur Gott kann die Welt ändern.
11. Wenn die Übung nur nicht so schwierig wäre!
12. Ich wollte es wirklich machen, ich habe nur keine Zeit gehabt.

VIII. *Nur noch, nicht mehr als*

Traduisez:

85 1. Er trinkt nur noch Wasser.
2. Wir gehen nur noch selten ins Kino.
3. Bouzigue ernährt sich nur noch von Erdnüssen *(cacahuète, f.)*.
4. Ich rauche nicht mehr als sonst.
5. Ich habe nicht mehr als 100 Francs ausgegeben und trotzdem *(pourtant)* habe ich nur noch 50.
6. Wir gehen praktisch nur einmal im Monat ins Kino.

7. Wir haben nur noch zwei Stunden [Zeit].
8. Dieser Regisseur *(metteur en scène)* arbeitet nur noch für das Fernsehen.
9. Er dreht praktisch nur noch Werbefilme *(films publicitaires)*.

IX. *Weder . . . noch*

Traduisez:

86 1. Der Film war weder interessant noch lustig.
2. Ich war weder in Paris noch in London (Passé composé).
3. Er interessiert sich weder für Fußball noch für Grammatik.
4. Er glaubt weder an Gott noch an den Teufel.
5. Er hat weder Frau noch Kinder.
6. Weder du noch ich können es tun.
7. Er kann weder lesen noch schreiben.
8. Ich habe ihn weder gesehen noch gehört.
9. Ich habe ihn weder gesehen noch gesprochen.
10. Weder will ich noch kann ich dir helfen.
11. Ich habe weder gelogen noch habe ich irgend etwas *(quoi que ce soit)* verheimlicht *(cacher)*.

X. Gemischte Übungen

Traduisez:

87 1. Ich möchte lieber *(préférer)* niemanden sehen.
2. Er hat schon lange nicht mehr davon gesprochen.
3. Ich habe auch nie Glück gehabt.
4. Er hat beschlossen, nicht mehr zu rauchen.
5. Ich habe überhaupt kein Geld mehr.
6. Das ist kein Verbrechen.
7. Ich habe kein [einziges] Wort verstanden.
8. Ich habe ein Wort nicht richtig *(bien)* verstanden.
9. Eines dürfen wir nicht vergessen.
10. Ich habe immer noch keine Wohnung gefunden.
11. Sie ist noch nicht verheiratet.

88 1. Ich werde nie wieder jemandem etwas anvertrauen *(confier)*.
2. Wir haben nichts mehr zu verlieren.
3. Es hat sich nichts geändert (ohne unpersönliches *il*).

4. Ich habe noch nie etwas Schöneres gesehen.
5. Ich habe ihn nirgends gefunden.
6. Ich möchte nirgendwoanders wohnen.
7. In meiner Familie haben nur mein Vater und mein Bruder blaue Augen.
8. Meine Schwester hat auch keine blauen Augen.
9. Er hat nicht immer gut gehandelt *(agir)*.
10. Es wäre besser *(valoir mieux)*, nichts zu sagen.

89
1. Ich habe niemanden mehr gesehen.
2. Wir haben kaum noch Zeit.
3. Er hat weder Geld noch Freunde.
4. Sie hat behauptet, ihn überhaupt nicht zu kennen.
5. Er denkt nur noch an sie.
6. Wir hatten alle Angst. Er nicht.
7. Auch er hat niemandem etwas gesagt.
8. Ich habe niemals mehr als zwei Gläser getrunken.
9. Er hat nie mehr *(= nie wieder)* gearbeitet.
10. Er hat nie mehr *(≠ nie weniger)* gearbeitet.

90
1. Nur sie hat nichts gehört.
2. Ich habe nie etwas bereut.
3. Nicht alle Gäste sind gekommen.
4. Glaubst du, daß das Krokodil uns gesehen hat? – Ich hoffe nicht!
5. Nicht nur der Hausmeister *(concierge)* hat den Schuß *(coup de feu)* gehört.
6. Der Hausmeister hat nicht nur den Schuß gehört, er hat auch den Mörder *(assassin)* gesehen.
7. Ich mache *(passer,* Futur) das Abitur erst in zwei Jahren.
8. Es ist uns noch nie etwas passiert *(arriver)*.
9. Nicht jeder *(tout le monde)* kann das machen.
10. Etwas habe ich nicht lesen können.

91
1. Bist du krank? – Nein, mir ist nur kalt.
2. Nicht alle Pilze sind eßbar *(comestible)*.
3. Haben Sie jemals etwas Dümmeres gehört?
4. Keiner *(personne)* hat je daran gedacht.
5. Es sind keine Studenten.
6. Er behauptet, dieses Bild *(photo)* noch nie gesehen zu haben.
7. Ich hoffe, es Ihnen nicht mehr sagen zu müssen.
8. Mein Name ist Latuile, und nicht Aluile.
9. Ich habe keine Lust mehr. – Ich auch nicht.
10. Wird das Spiel übertragen *(retransmettre)*? – Ich glaube nicht.

12 Die Personalpronomen sowie *y* und *en*

I. Gebrauch von *y* und *en*

Remplacez les termes entre parenthèses par le pronom qui convient:

92

1. Je ne suis pas encore allé (à Paris).
2. J'ai rencontré Bouzigue (au supermarché).
3. Cela fait deux ans que je suis (en France).
4. J'irai (au cinéma) demain.
5. Il a eu la gentillesse de me conduire (à la gare).
6. Conduisez-moi (à la gare).
7. Je ne m'attendais pas (à vous voir).
8. Je ne me souviens plus du tout (de ce film).
9. Nous avons beaucoup moins (de travail) que l'an dernier.
10. Etes-vous bien conscient (de ce que vous faites)?
11. As-tu pensé (à acheter du pain)?
12. Peux-tu me prêter un peu (d'argent)?
13. Je n'ai plus (de cigarettes).
14. Il ne me reste qu'(une cigarette).
15. Je n'ai pas trouvé de meilleure (place).

Traduisez:

93

1. Ich brauche Briefmarken. Hast du welche?
2. Ich habe noch drei.
3. Gib mir eine!
4. Hast du Geld? Ich habe keines mehr.
5. Du hast mir nur eine [Karte] gegeben.
6. Ich gebe dir noch eine.
7. Haben Sie viele [Museen] besichtigt?
8. Erinnerst du dich daran *(se souvenir)*?
9. Ich bin ihr nicht böse (→ feste Wendung).
10. Ich kann nicht mehr (→ feste Wendung).
11. Ich verlasse mich auf Sie (→ feste Wendung).

II. Form und Stellung der Personalpronomen in Aussage- und Fragesatz

Remplacez les termes entre parenthèses par le pronom qui convient:

94 1. J'ai prêté (mon disque des Beatles) (à Gérard).
2. Je te rendrai (ton argent) demain.
3. Qui a parlé (de cette histoire) (à mes parents)?
4. Nous vous communiquerons (les résultats) dans une quinzaine de jours.
5. Pourquoi n'as-tu pas montré (les photos) (à tes parents)?
6. Je me suis coupé (le doigt) en faisant la cuisine.
7. Bouzigue a raconté (ses mésaventures) (au commissaire Latuile).
8. Je me rappelle parfaitement (ce qu'il a fait).
9. Te souviens-tu (de cette soirée)?
10. Il m'a parlé (de ses vacances).
11. J'ai demandé (à Jacques) (son adresse).
12. J'ai parlé (au directeur).
13. Il pense toujours (à sa femme).
14. Il tient beaucoup (à sa liberté).

95 1. Vous intéressez-vous (à la musique)?
2. Quand on roule en ville, il faut faire très attention (aux cyclistes et aux piétons).
3. Etes-vous partis en vacances (avec les enfants)?
4. Je n'ai parlé qu'(au directeur).
5. Je n'ai parlé ni (au directeur) ni (à sa secrétaire).
6. C'est (Bouzigue) qui me l'a dit.
7. (Bouzigue) aussi est célèbre.
8. Gérard m'a présenté (sa femme).
9. Gérard m'a présenté (à sa femme).
10. J'ai présenté (Gérard) (à mes parents).
11. Pierre s'est joint (à Marie et à Jacques).
12. Vous êtes-vous adressé (au concierge)?

96 1. Je n'ai pas osé demander (son adresse) (à la jeune fille).
2. Je n'ai pas pu t'apporter (les photos) plus tôt.
3. J'espère pouvoir convaincre (mes parents) de m'acheter (une moto).
4. Je croyais avoir déjà rendu (le disque) (à Gérard).
5. J'ai promis (aux enfants) de les emmener (au zoo).
6. Les enfants sont partis acheter (des gâteaux).
7. J'ai envoyé (les enfants) acheter (des gâteaux).
8. Je n'ai pas entendu arriver (Pierre).
9. Avez-vous entendu (Pierre) parler (de ce projet)?

10. Essaie de bien régler (la télévision).
11. Je me suis laissé pousser (la barbe).

97 1. J'ai vu (ton frère) aller (à la poste).
2. J'ai vu (la porte) s'ouvrir.
3. Avez-vous vu (la voiture) se retourner?
4. N'avez-vous pas entendu parler (de cette affaire)?
5. Il n'a pas voulu laisser (sa fille) aller (au bal).
6. Nous avons fait venir (le médecin).
7. As-tu fait réparer (la voiture)?
8. On m'a fait signer (ce papier).
9. Vous ferez taper (cette lettre) (à la secrétaire).
10. Je me suis fait couper (les cheveux).
11. Faut-il laisser (les enfants) regarder (ce film)?

Traduisez (es = *le*):

98 1. Er hat es mir versprochen.
2. Wann haben Sie sich zum letzten Mal gewaschen?
3. Habe ich es euch nicht gesagt?
4. Ich habe es ihr nie verheimlicht *(cacher).*
5. Warum hast du es ihnen nicht früher gesagt?
6. Ich werde sie (Sg.) daran erinnern *(rappeler).*
7. Hat er Ihnen [etwas] davon erzählt *(parler)?*
8. Ich habe sie (Sg.) noch nicht danach gefragt.
9. Wir interessieren uns nicht dafür.
10. Ich bitte Sie darum.
11. Haben Sie darauf verzichtet *(renoncer)?*
12. Ich lege keinen Wert darauf *(tenir).*

99 1. Du denkst [wohl] nicht daran!
2. Denkst du immer noch an sie?
3. Er hängt sehr an ihr *(tenir).*
4. Dein Vater wird mich hinfahren *(hin = y).*
5. Möchtest du *(veux-tu),* daß ich sie (Sg.) dir vorstelle?
6. Darf ich mich Ihnen vorstellen?
7. Warum haben Sie sich nicht an ihn gewendet *(s'adresser)*?
8. Warum hat er sich uns nicht angeschlossen *(se joindre)*?
9. Was wäre ich ohne dich?
10. Ich habe es nur ihm gesagt.
11. Ich selbst habe nichts gehört.

100 1. Auch er war überrascht.
2. Wer hat es dir gesagt? – Er.
3. **Ich** bin es (betont).
4. **Ich** (betont) habe es getan.
5. Auch er konnte uns keine Auskunft geben *(renseigner qn).*
6. Ich bin viel älter als er.
7. Sie hatte kein Geld bei sich.
8. Man sollte immer Geld bei sich haben.
9. Sie ist eine hübsche Frau.
10. Er ist Student.

101 1. Er wollte es mir nicht sagen.
2. Du hättest ihr helfen sollen.
3. Er hätte es Ihnen früher sagen können.
4. Ich kann es nicht glauben.
5. Er will ihr nicht glauben.
6. Ich habe gesehen, wie er sie geschlagen hat (Infinitivkonstruktion).
7. Ich werde ihn dir schicken lassen *(faire).*
8. Ich werde Ihnen welche schicken lassen *(faire).*
9. Haben Sie nie davon gehört?
10. Ich lasse *(laisser,* Futur) dich nicht hingehen *(hin = y).*
11. Er hat mich nicht darüber reden lassen *(laisser).*
12. Hast du sie (Pl. Mask.) spielen sehen?
13. Siehst du ihn nicht kommen?
14. Man hat uns lange warten lassen *(faire).*

III. Form und Stellung der Personalpronomen im Imperativsatz

Remplacez les termes entre parenthèses par le pronom qui convient:

102 1. N'achète pas (de fruits).
2. Ne montre pas (ces photos) (à tes parents).
3. Ne laisse pas (les enfants) regarder (ce film).
4. Ne fais pas attendre (Pierre) trop longtemps!
5. Montre (ta blessure) (au docteur).
6. Donne-moi (cette lettre).
7. Donne-moi (des timbres).
8. Donne-moi (un autre timbre).
9. Apporte-nous (les verres).
10. Souviens-toi (de ce que je t'ai dit).

11. Rappelez-moi (votre nom).
12. Pense (aux enfants).
13. Pense (à ce que je t'ai dit).
14. Fais écouter (ce disque) (à ton frère).

Traduisez (es = *le*):

103 1. Sag es ihr nicht!
2. Reden wir nicht mehr davon!
3. Zeig sie (Pl.) ihm nicht!
4. Denk nicht mehr daran!
5. Gib ihm keine mehr!
6. Fragen Sie mich nicht danach!
7. Wenden Sie sich nicht an ihn!
8. Geh nicht hin!
9. Mach dir keine [Sorgen]!
10. Laß *(laisser)* sie (Sg.) nicht herein *(entrer)*!
11. Laß *(laisser)* sie (Sg.) nicht hingehen *(hin = y)*!
12. Geben Sie es mir!
13. Versprich es uns!
14. Kümmern Sie sich darum *(s'occuper)*!
15. Frag sie (Sg.) danach!

104 1. Zeig sie (Pl.) ihnen!
2. Hilf ihr!
3. Nimm dich davor in acht *(se méfier)*!
4. Geben Sie mir zwei!
5. Nimm zwei!
6. Erinnere mich daran! *(1. rappeler, 2. faire penser)*
7. Stelle sie (Sg.) mir vor!
8. Stelle mich ihr vor!
9. Schließen Sie sich uns an *(se joindre)*!
10. Laß *(faire)* ihn herein *(entrer)*!
11. Laß *(laisser)* ihn warten!
12. Laß *(faire)* mir welche schicken!
13. Laß *(laisser)* ihn darüber sprechen!
14. Laß *(laisser)* mich hingehen *(hin = y)*!
15. Laß *(laisser)* mich es tun!

IV. Gemischte Übungen

Remplacez les termes entre parenthèses par le pronom qui convient:

105 1. N'êtes-vous pas déjà allé (à Paris)?
2. Quand avez-vous été prévenu (de cet incident)?
3. Ne pense plus (à cette fille)!
4. Ne parle pas (de cette histoire) (à ton père).
5. Tenez-vous vraiment à parler (au directeur)?
6. Tenez-vous vraiment (à parler au directeur)?
7. Voudriez-vous me réserver (deux places) pour demain soir?
8. J'ai acheté (des bonbons) (aux enfants).
9. Dites (à la secrétaire) de retaper (cette lettre).
10. Pourriez-vous me rendre (ce service)?
11. Il ne permet pas (à ses enfants) de lire (des bandes dessinées).

106 1. Il n'autorise pas (sa fille) à assister (aux cours de danse).
2. Il ne laisse jamais (ses enfants) boire (de l'alcool).
3. Combien (de tomates) voulez-vous?
4. Combien (de tomates) voulez-vous acheter?
5. J'aime danser (le rock).
6. Nous avons fait construire (notre maison) en 1960.
7. Quand avez-vous vu jouer (cette pièce)?
8. J'ai déjà vu (Louis Jouvet) jouer (ce rôle).
9. Méfie-toi (de ces gens).
10. Faites entrer (le premier témoin)!
11. Laisse (ton fils) manger (des bonbons).

Traduisez:

107 1. Kannst du es uns nicht sagen?
2. Ich wage es nicht, ihm zu widersprechen.
3. Versprich es ihm nicht!
4. Gib ihm keine!
5. Denk daran!
6. Hast du sie (Sg.) machen lassen *(faire)*?
7. Laß sie *(= die Bilder)* so schnell wie möglich entwickeln *(faire développer)*!
8. Ich kann ihr nicht glauben.
9. Ich ziehe es vor, sie *(= die Platte)* dir gleich zurückzugeben.
10. Ich habe es Ihnen nie versprochen.
11. Ich möchte noch einen [Apfel] essen.

12. Iß noch einen!
13. Ist er Arzt?
14. Ist er ein guter Arzt?
15. Erinnern Sie sich daran *(se souvenir)*!
16. Erinnern Sie sich daran?

13 Das Relativpronomen und der Relativsatz

I. *Qui, que, lequel*

Traduisez:

108 1. Die Platte, die ich neulich *(l'autre jour)* gekauft habe, ist verkratzt *(rayé)*.
2. Ich kenne niemand, der chinesisch kann.
3. Kannst du mir ein Buch empfehlen, das nicht zu schwierig ist?
4. Die Frau, die er geheiratet hat *(épouser* od. *se marier)*, soll *(il paraît que)* sehr reich sein.
5. Die Dame, neben der ich während der Vorstellung *(la représentation)* saß, roch nach Mottenkugeln *(la naphtaline)*.
6. Die Polizei nahm 100 Demonstranten *(le manifestant)* fest, unter denen sich viele Ausländer befanden.
7. Es sind alles Leute, denen man vertrauen kann *(se fier à, avoir confiance en, compter sur)*.
8. Er hat einen Entschluß gefaßt *(prendre)*, den niemand erwartet hatte *(s'attendre à;* Imparfait).
9. Die Umweltverschmutzung gehört zu den Übeln der modernen Welt, die sich schwer bekämpfen lassen *(lutter contre qc)*.
10. Dieses Treffen, an dem auch einige Beobachter ausländischer Parteien teilnahmen, ist ohne nennenswerten *(notoire)* Zwischenfall verlaufen.
11. Die Zeitung, für die er arbeitet, ist kürzlich Pleite gegangen *(faire faillite)*.
12. Der Mann, mit dem ich am *(au)* Telefon gesprochen habe, konnte mir keine Auskunft geben *(renseigner qn)*.
13. Es ist ein Angebot, dem niemand widerstehen kann.

109 1. Nach dem Überfall *(le hold-up)* ist Bouzigue in ein Auto eingestiegen, das auf ihn wartete.
2. Das Auto, das er am vorigen Tag gestohlen hatte, blieb jedoch *(mais)* nach *(au bout de)* hundert Metern stehen.
3. Bouzigue ist [auch] nicht mehr der *(= der Mann)*, der er [einmal] war (Imparfait).
4. Die Komplizen, mit denen er den Überfall ausführen *(exécuter, réaliser)* wollte, waren keine Profis *(professionnel)*.
5. Der Grund, warum Bouzigue ausgerechnet *(justement)* die Filiale der Bayerischen Kreditbank AG *(Banque Bavaroise de Crédit S.A.)* ausrauben *(dévaliser)*

wollte, in der er seine ganzen Ersparnisse *(les économies, f.)* hatte, bleibt unklar *(obscur)*.

6. Das Gefängnis, in dem Bouzigue seine Strafe *(la peine)* absitzt *(purger)*, wird streng *(= «eng»)* bewacht.
7. Kommissar Latuile, mit dem unser Korrespondent gesprochen hat *(avoir un entretien avec)*, befürchtet, daß der Häftling versuchen wird, auszubrechen *(s'évader)*.
8. Inzwischen wurde bekannt *(= «erfuhr man»)*, daß Frau Bouzigue, für die er eigentlich *(en fait)* die Bank ausrauben wollte, die Scheidung *(le divorce)* eingereicht hat *(demander)*.

II. *Dont, duquel, de qui*

Traduisez:

0 1. Kommissar Latuile meint, Bouzigue sei ein Mann, dem man mißtrauen *(se méfier)* müsse.
2. Auf jeden Fall ist es ein Ereignis, an das man sich lange erinnern wird *(se souvenir)*.
3. Kommissar Latuile hat sich bei der Bevölkerung bedankt, ohne deren Mithilfe Bouzigue nie hätte verhaftet werden können.
4. Das Gebäude, auf dessen Dach eine große Antenne steht, ist der Sitz der Kripo *(la police judiciaire, P. J.)*.
5. Der französische Außenminister hat seinem deutschen Amtskollegen *(l'homologue, m.)* ein Telegramm geschickt, dessen Inhalt nicht bekanntgegeben wurde *(révéler)*.
6. Wir haben in einem Dorf übernachtet *(passer la nuit)*, dessen Namen ich vergessen habe.
7. Die Polizei hat das Auto gefunden, in dessen Kofferraum *(le coffre)* die Leiche transportiert worden war.
8. Das Haus, in dessen Keller die Polizei falsche Banknoten fand, gehört einem gewissen Bouzigue.
9. Gehen wir in das Lokal *(le café)*, dessen Besitzer ich kenne.

1 1. Rico-le-Sicilien, in dessen Auftrag *(pour le compte de qn)* Bouzigue die falschen Banknoten herstellte, ist ins Ausland geflüchtet.
2. Es handelt sich um ein Projekt, dessen Einzelheiten ich noch nicht kenne.
3. Der Mann, den ich meine *(parler)*, trug eine Brille.
4. Unser Sohn ist mit der Tochter von Bouzigue befreundet *(fréquenter)*, dessen Bild alle Zeitungen veröffentlicht haben.
5. In dem Haus, vor dessen Tür ein blauer VW steht, wohnt ein Franzose.

6. Es handelt sich um eine Krankheit, deren Ursache man noch nicht herausgefunden hat *(découvrir).*
7. Der Tempel, auf dessen Stufen wir stehen *(se trouver),* ist über 2000 Jahre alt.
8. Der junge Mann, in dessen Begleitung die Schauspielerin ihren Urlaub verbrachte, soll der Sohn eines griechischen Reeders *(armateur)* sein.
9. Der jugoslawische Trainer *(entraîneur),* dessen Verteidiger *(arrière, m.)* Busik in diesem Jahr über zehn Eigentore *(buts contre son équipe)* erzielt hat *(marquer),* machte einen deprimierten Eindruck *(avoir l'air).*

III. Demonstrativpronomen sowie *alles, vieles, nichts, jeder* + Relativpronomen

Traduisez:

112
1. Diejenigen, die Busik haben spielen sehen, wissen, warum sein Trainer niedergeschlagen ist.
2. Die, die ich meine *(parler* od. *penser),* hatte Sommersprossen *(taches de rousseur, f.).*
3. Wir arbeiten nur mit denjenigen, auf die wir uns verlassen können *(compter sur).*
4. Für alle, die kein Bier mögen, ist auch Wein da *(il y a).*
5. Unter all denjenigen, mit denen ich darüber gesprochen habe *(en parler à . . .),* fand sich keiner *(il ne s'en est trouvé aucun),* der sich für dieses Projekt begeistert hätte *(s'enthousiasmer).*
6. Die Steuerreform *(réforme fiscale)* betrifft nur diejenigen, deren Jahreseinkommen unter 48 000 DM liegt *(se situer en dessous de).*
7. Wir haben über alles gesprochen, was wichtig sein kann.
8. Er macht immer, was sie will.
9. Es ist nicht alles Gold, was glänzt (Übers.: «Nicht alles, was glänzt, ist Gold»).
10. Ist das alles, was du mir zu sagen hattest?
11. Was geschehen ist, ist geschehen (mit *faire*).

113
1. Hast du alles, was du brauchst (2 Mögl.: mit *falloir* und mit *avoir besoin*)?
2. Das ist [aber] alles, wofür er sich interessiert.
3. Ich erinnere mich an alles, worüber wir gesprochen haben.
4. Ich bin mit dem zufrieden, was ich habe.
5. Ist es alles, woran du dich erinnerst (mit *se souvenir*)?
6. Ich halte mich an das *(s'en tenir à),* worauf wir uns geeinigt haben *(convenir de).*
7. Gerade *(C'est justement . .)* darin besteht Ihre Aufgabe.
8. Er weiß vieles, was ich nicht weiß.
9. Es gibt nichts, was ich lieber mache *(faire plus volontiers).*

10. Es gibt vieles, womit wir nicht einverstanden sind *(être d'accord avec).*
11. Ich kenne viele, die dazu fähig wären.
12. Jeder, der Banknoten nachmacht *(contrefaire),* wird bestraft *(La loi punit . . .).*

IV. Gemischte Übung

Traduisez:

14 1. Der kleine Junge, der ich damals *(alors)* war, hatte keine Ahnung *(aucune idée)* von dem, was ihn erwartete *(attendre).*
2. Er weiß vieles, was Sie interessieren könnte.
3. Jacques Brel, in dessen Chansons das Todesmotiv *(le thème)* oft wiederkehrt *(revenir)*, ist im Herbst 1978 an Krebs gestorben.
4. In diesem Text sind viele Wörter *(il y a),* deren Bedeutung ich nicht kenne.
5. Du kannst einladen, wen du willst.
6. Er ist mit allem zufrieden, was ich gemacht habe.
7. Kannst du mir etwas zum Schreiben geben?
8. Die Katastrophe, deren Ursache noch unbekannt ist, hat zahlreiche Menschenleben *(la victime)* gefordert *(faire).*
9. Das einzige, was Sie brauchen *(avoir besoin),* ist *(c'est)* Ruhe.
10. Jeder, der falsche Angaben macht *(donner, indications),* wird strafrechtlich verfolgt *(être poursuivi en justice).*
11. Alles, worauf man sich stützt *(s'appuyer sur),* um seine Schuld zu beweisen, besteht nur *(consister en)* aus vagen Gerüchten *(les rumeurs, f.).*
12. Ich kenne viele, die das gemacht hätten.
13. Das ist alles, woran man ihn erkennen kann *(reconnaître qn à qc).*
14. Er erzählt es jedem, der es hören will (2 Mögl.).
15. Die Handlung des Films, dessen Titel ich leider vergessen habe, spielt *(se dérouler)* im zweiten Weltkrieg.
16. Es gibt nichts, wofür er sich interessiert.
17. Es ist zum Verzweifeln!
18. Ich erinnere mich nicht mehr an das, worüber wir uns gestritten haben *(se disputer à propos de qc).*

14 Das Fragepronomen und der Fragesatz

I. Die Frage nach Personen und Sachen

Traduisez en utilisant la «question inversée» (sans «est-ce que») et la question avec «est-ce que» là où c'est possible:

115 1. Wer ist gekommen?
2. Wer hat es dir gesagt?
3. Wen hast du gesehen?
4. Wen willst du einladen?
5. Wer sind Sie?
6. Wer ist dieser Mann (2 Mögl.)?
7. Wem hast du es gesagt?
8. Für wen halten Sie mich *(prendre)*?
9. An wen haben Sie sich gewandt *(s'adresser)*?
10. Wen meinen Sie *(parler)*?

116 1. Was läuft *(passer)* zur Zeit im Kino?
2. Was gefällt dir nicht?
3. Was ist geschehen (*se passer,* pers. und unpers.)?
4. Was machen Sie in Ihrer Freizeit *(loisirs, m.)*?
5. Worauf warten Sie [denn]?
6. Was halten Sie davon *(penser)*?
7. Was ist das?
8. Was ist Europa?
9. Was ist ein Fragepronomen?
10. Was ist aus dir geworden?
11. Was ist aus diesem Plan geworden?
12. Was brauchst du *(1. falloir, 2. avoir besoin)*?
13. Woran denkst du?
14. Womit soll ich das Auto waschen?

II. *Quel* und *lequel*

Traduisez en utilisant la question «inversée» (sans «est-ce que»):

117 1. Mit welchem Recht fragen Sie mich das?

2. Welche Konsequenzen könnte diese Entwicklung *(évolution)* haben?
3. Welches dieser beiden Hemden gefällt Ihnen am besten?
4. Welches haben Sie sich ausgesucht *(choisir)*?
5. Für welches haben Sie sich entschieden?
6. In welchem Viertel wohnen Sie?
7. Aus welchem Grund sitzt *(être)* Bouzigue im Gefängnis?
8. Welche von beiden will er heiraten?
9. Welcher von euch beiden hat mir diesen dummen Streich gespielt *(jouer ce tour stupide)*?
10. Welcher von euch ist der Schuldige?
11. Welches sind die technischen Daten *(les données, f.)* dieses Autos?
12. Wie alt sind Sie?
13. Wie ist Ihr Name?
14. Was ist Ihre Meinung?
15. Von welchem der drei Brüder sprechen Sie?

III. Frageadverbien

Traduisez en utilisant la question «inversée» (sans «est-ce que»):

18

1. Wie groß ist er?
2. Wie geht es Ihren Eltern?
3. Wie schwer ist der Brief?
4. Wie schnell fährt dieser Wagen *(rouler)*?
5. Wieviel kostet diese Krawatte?
6. Wieviel brauchst du? *(falloir + avoir besoin)*
7. Wieviel Platten hast du gekauft?
8. Wieviel hast du gekauft?
9. Wieviel seid ihr?
10. Den Wievielten haben wir heute?
11. Um wieviel Uhr fährt dein Zug?

19

1. Wie lange bleiben Sie hier?
2. Für wie lange haben Sie gebucht *(louer)*?
3. Wie lange warten Sie schon?
4. Wie oft waren Sie in Frankreich?
5. Wo sind Sie geboren?
6. Woher kommen Sie?
7. Bis wohin sind Sie gegangen?
8. Von wo ab müssen wir übersetzen?

9. Wann haben Sie das Haus verlassen?
10. Seit wann sind Sie verheiratet?
11. Bis wann muß die Arbeit fertig sein?
12. Ab wann kann ich Sie besuchen *(venir voir)*?

IV. Die indirekte Frage

Traduisez:

120 1. Ich weiß nicht, wer Sie sind.
2. Rate mal, wen ich gesehen habe!
3. Ich möchte wissen, wer dir das gesagt hat.
4. Weißt du, wer dieser Mann ist?
5. Wissen Sie denn nicht, mit wem Sie es zu tun haben *(avoir affaire à)*?
6. Ich verstehe nicht, wen er meint *(parler)*.
7. Frage ihn, was heute im Kino läuft.
8. Erzählen Sie mir, was geschehen ist.
9. Weißt du, was du bist?
10. Sag mir, was dich stört *(gêner)*.
11. Sagen Sie mir genau, was Sie am 2. November zwischen 20 und 23 Uhr gemacht haben.

121 1. Frage ihn, was er davon hält *(penser)*.
2. Ich weiß nicht, was aus ihm geworden ist.
3. Ich weiß nicht, was aus diesem Plan geworden ist.
4. Der Prüfer *(examinateur)* wollte unbedingt wissen, was ein Phonem *(le phonème)* ist.
5. Sag mir, was das ist.
6. Ich verstehe nicht, wovon Sie sprechen.
7. Sag mir, woran du denkst.
8. Weißt du, wie spät es ist?
9. Rate mal, wie alt er ist.
10. Frage ihn, in welchem Restaurant wir uns treffen wollen.
11. Sagen Sie mir, welches Hemd Ihnen am besten gefällt.
12. Ich weiß nicht, welches ich nehmen soll.

122 1. Sag mir, was du brauchst *(falloir* u. *avoir besoin)*.
2. Wissen Sie, woher dieser Zug kommt?
3. Verzeihung, wissen Sie, warum Bouzigue in dieser Übung nicht vorkommt *(apparaître)*?
4. Die Frage, warum Bouzigue in dieser Übung nicht vorkommt, ist [hier] unwichtig.

5. Ich möchte trotzdem den Grund wissen, warum Bouzigue in dieser Übung nicht vorkommt.
6. Ich frage mich, ob es Bouzigue wirklich gibt *(exister)*.
7. Die Frage, ob es Bouzigue gibt oder nicht, ist ebenso unwichtig.
8. Ich habe mir lange überlegt, ob es sich lohnt.
9. Ich habe lange darüber nachgedacht, wie ich [es] machen soll.
10. Ich habe mir den Kopf darüber zerbrochen *(se casser la tête)*, was dieser Satz bedeuten soll.

V. Die Wortstellung im Fragesatz: einfache oder komplexe Inversion?

Inversion simple = *Où est garée* **la voiture**?
Inversion complexe = *Où* **la voiture** *est*-**elle** *garée?*

Traduisez:

123 1. Arbeitet dein Vater noch?
2. Wie ist das Spiel verlaufen *(se dérouler)*?
3. Wo findet die Versammlung statt? (Futur)
4. Findet die Versammlung statt? (Futur)
5. Warum ist dein Bruder nicht mitgekommen *(avec nous)*?
6. Wann ist dein Bruder angekommen?
7. Wie schwer ist dieser Brief (mit *combien*)?
8. Wo wohnen deine Eltern?
9. Wo hat Truffaut diesen Film gedreht?
10. Wann hat dein Bruder Abitur gemacht *(passer son bac)*?

124 1. Für wen arbeitet Bouzigue?
2. Wofür interessiert sich die Jugend?
3. Warum ist der Brief nicht angekommen?
4. Wann holen mich deine Eltern ab *(venir chercher)*?
5. Wie hat die Polizei den Täter *(le coupable)* finden können?
6. Wen haben deine Eltern eingeladen?
7. Was macht dein Vater?
8. Was ist aus diesem Plan geworden?
9. Fährt der Wagen mit Normalbenzin *(marcher à . . .)*?
10. Sind Ihre Eltern geschieden?

VI. Gemischte Übungen

Traduisez:

125 1. Ich weiß nicht, was ich tun soll.
2. Was hat dich dazu bewogen *(pousser)*, es zu tun?
3. Was ist ein Krokodil?
4. Wovon ernähren sich Krokodile?
5. Mit wem ist sie verheiratet?
6. Ich weiß nicht, was ihn gekränkt hat *(froisser)*.
7. Wen hat die Polizei verhaftet *(arrêter)*?
8. Wie lange haben Sie gebraucht?
9. Welches sind die Vorteile dieser Methode?
10. Mit welchem von euch habe ich gestern telefoniert *(téléphoner à qn)*?

126 1. Wie hoch ist die Tür?
2. Wie war das Wetter gestern?
3. Was meinen Sie damit *(entendre)*?
4. Ich verstehe nicht, was Sie damit meinen.
5. Wo wurde das gestohlene Auto gefunden?
6. Wo hat die Polizei das gestohlene Auto gefunden?
7. Die Leitung des 1. Programms *(la chaîne)* hat sich geweigert, den Grund zu nennen *(indiquer)*, warum das Spiel nicht übertragen wurde *(retransmettre)*.
8. Ich weiß nicht, wo ich ihn finden kann.
9. Wozu sich Sorgen machen?
10. Wie soll ich [das] machen?

127 1. Warum spielt Fischer nicht [mit]?
2. Was ist los?
3. Sag mir, was los ist.
4. Ich frage mich, was los ist.
5. Was ist Grammatik?
6. Was ist schöner als Grammatik?
7. Ich weiß nicht, welches [Hemd] ich nehmen soll.
8. Wie lange sind Sie schon in Deutschland?
9. Hat dir mein Bruder nichts gesagt?
10. Was soll ich tun?

15 Der Artikel

I. Gebrauch des Artikels (allgemein)

Traduisez:

28 1. Franzosen essen mehr Brot als Deutsche.
2. Mögen Sie *(aimer)* Krokodile?
3. Kinder machen oft Dummheiten *(bêtise, f.)*
4. Ich habe in Afrika Krokodile gefilmt *(filmer)*.
5. Krokodile sind keine Haustiere *(. . . domestiques)*.
6. Milch ist gesund *(sain)*.
7. Milch trinken ist gesund.
8. Ich habe kalte Füße.
9. Bouzigue hat einen großen *(gros)* Kopf.
10. Sie hat grüne Augen.

29 1. Sie hat schöne blaue Augen.
2. Spinnen sollen *(il paraît que + IND)* Glück bringen.
3. Wir haben Zeit.
4. Ich lerne russisch.
5. Du hast eine rote Nase.
6. Bouzigue hat eine dicke *(gros)* Nase.
7. Im 17. Jahrhundert wurden Schauspieler *(comédiens)* als Ketzer *(hérétiques)* betrachtet.
8. Wir sind hier unter *(entre)* Freunden.
9. Ich habe ein ruhiges *(tranquille)* Gewissen.
10. Ich bitte Sie um Verzeihung.

Complétez les phrases suivantes par **le (la, les), du (de la, des), de** *ou ∅ (ni préposition, ni article):*

30 1. . . . enfants ont besoin . . . amour.
2. . . . enfants ont besoin . . . amour de leurs parents.
3. Cet organisme pourra vous fournir . . . renseignements plus précis.
4. Nous n'avons pas pu obtenir . . . renseignements plus précis.
5. Combien mettez-vous . . . sucre dans votre café?
6. Je ne prends que . . . lait.
7. Nous n'avons pas assez . . . argent pour nous payer . . . vacances.

8. Nous avons fait presque la moitié ... chemin sous la pluie.
9. J'ai mangé un morceau ... pain avec ... fromage.
10. Le gouvernement a pris un certain nombre ... mesures visant à améliorer la situation ... personnes âgées.

131 1. Nous avons eu ... mal (beaucoup ... mal) à trouver votre maison.
2. Depuis que sa femme est partie, Bouzigue ne se nourrit que ... cacahuètes *(Erdnüsse).*
3. J'espère que nous aurons davantage ... chance la prochaine fois.
4. Le gouvernement a décidé de s'occuper davantage ... personnes âgées.
5. Je ne mange pas que ... cacahuètes.
6. Plusieurs milliers ... travailleurs vont être licenciés au cours ... mois prochains.
7. La majorité ... députés s'est prononcée en faveur de ce projet de loi.
8. On aurait évité bien ... problèmes si on y avait pensé plus tôt.
9. La police a découvert ... importantes quantités ... explosifs dans la cave de Bouzigue.
10. Je n'ai pas moins ... travail que l'an dernier.

132 1. Je n'ai guère ... temps de m'occuper de ces problèmes.
2. La plupart ... temps, nous ne regardons que ... actualités, car il y a rarement ... émissions intéressantes.
3. Il prend toujours son café sans ... sucre.
4. Mon boucher vend vraiment ... très bonne viande.
5. Je déteste ... aïl *(Knoblauch).*
6. Tu ne trouves pas que ça sent ... essence?
7. Je crois que j'ai renversé ... essence en faisant ... plein (volltanken) tout à l'heure.
8. Il me faudrait ... herbes de Provence et un peu ... aïl pour faire la sauce.
9. Le docteur a dit qu'il fallait que je boive moins ... alcool et que je fasse ... sport.
10. La plupart ... accidents de la route sont dus à une négligence.

133 1. A cause ... orage, nous avons été privés ... courant pendant la plus grande partie ... soirée.
2. Elle souffre ... maux de tête continuels.
3. Nous avons encore une foule ... problèmes à résoudre.
4. Le commissaire pense que ce ne sont certainement pas ... professionnels qui ont commis le crime.
5. Il pourrait se produire ... avalanches *(Lawinen),* car le temps s'est beaucoup radouci.
6. Il me manque ... disques. En aurais-tu prêté à quelqu'un?
7. Notre lycée manque ... professeurs de gymnastique.

8. Il faut prendre le moins . . . risques possible.
9. A la suite de cette émission, la direction des programmes a reçu un nombre considérable . . . lettres de protestation.
10. La direction des programmes a été assaillie . . . lettres de protestation.

34
1. Paris manque . . . espaces verts.
2. La Région parisienne compte une dizaine . . . millions . . . habitants, c'est-à-dire un cinquième . . . population . . . France.
3. Nous avons déjà effectué la plus grande partie . . . travaux.
4. Autrefois, . . . nobles jouissaient . . . privilèges exorbitants, tandis que les paysans étaient écrasés . . . impôts.
5. Cet été, nous avons fait la connaissance . . . gens très sympathiques.
6. Bouzigue a pourtant dévalisé un grand nombre . . . caisses d'épargne, mais il a peur . . . souris.
7. Nous nous sommes promenés sur un chemin bordé . . . arbres.
8. Bouzigue craint . . . souris.
9. Il nous manque encore . . . argent nécessaire pour réparer le toit.
10. Il ne connaît encore rien . . . vie.

II. Gebrauch des Artikels bei Adjektiven und indefiniten Adjektiven

Complétez les phrases suivantes par **de, du (de la, des)** *ou* **∅:**

35
1. As-tu pensé à acheter . . . petits pois?
2. . . . nombreuses maisons ont été endommagées par la tempête.
3. J'ai acheté deux boîtes . . . petits pois.
4. Ce ne sont certainement pas . . . grandes personnes qui ont écrit . . . gros mots dans l'ascenseur.
5. Nous avons accompli . . . certains progrès.
6. Si vous voulez voir . . . bonnes comédies jouées par . . . excellents acteurs, allez à la Comédie Française.
7. Après les banques, Bouzigue s'est attaqué à . . . grands magasins.
8. Hier, le boucher ne m'a pas vendu . . . bonne viande.
9. Nous avons bu beaucoup . . . bon vin.
10. Le ministère de la Santé a . . . maintes fois attiré l'attention . . . jeunes gens sur les méfaits de la drogue.

36
1. L'armée a subi . . . lourdes pertes.
2. Nous n'avons traité que . . . divers aspects du problème.
3. Il faudra nous occuper rapidement . . . nombreux problèmes qui restent à résoudre.

4. Les élèves des établissements secondaires souffrent . . . éternelle contrainte d'avoir . . . bonnes notes.
5. Connais-tu le dernier film de Fellini? – Il en a déjà fait . . . meilleurs.
6. Nous avons entendu . . . différentes opinions sur ce sujet.
7. Les élèves de cette école sont . . . jeunes gens . . . différentes origines sociales.
8. La situation . . . petits commerçants ne cesse de s'aggraver, par suite . . . concurrence croissante . . . grands magasins.
9. . . . certains gros propriétaires sont réellement gros.
10. L'attitude . . . certaines personnes à l'égard de ce problème est inquiétante.

III. Gebrauch des Artikels und der Präposition bei Ausdrücken der Zeit

Complétez les phrases suivantes (et transformez le cas échéant à *en* au, de *en* du, *etc.):*

137
1. . . . lundi prochain, je me ferai porter malade.
2. . . . lundi suivant, nous sommes retournés faire du ski.
3. . . . dimanche, les magasins sont fermés.
4. A cause du mauvais temps, le match est reporté à . . . dimanche prochain.
5. Il est décédé . . . lundi . . . 8 décembre.
6. Nous rentrerons . . . soir de . . . lundi de . . . Pentecôte.
7. Je ne travaille jamais . . . samedi . . . matin.
8. . . . dimanche . . . après-midi, nous avons été jouer au bowling.
9. J'ai entendu sonner . . . minuit/sonner les douze coups de . . . minuit.
10. Je travaille toujours mieux . . . matin que . . . soir.

138
1. . . . matin, j'ai eu du mal à me lever.
2. Je me suis couché à trois heures . . . matin et je me suis levé à deux heures . . . après-midi.
3. . . . semaine prochaine, nous partons faire du ski en Italie.
4. . . . année dernière, nous avons pris nos vacances . . . automne.
5. La Normandie est magnifique . . . printemps, quand les pommiers sont en fleurs.
6. . . . avril, ne te découvre pas d'un fil; . . . mai, fais ce qu'il te plaît (proverbe).
7. . . . août est le mois le plus chaud.
8. . . . mois . . . août, on circule sans problème à Paris.
9. J'arriverai dans . . . dernière semaine . . . février.
10. J'aurai terminé mes examens . . . fin . . . juin.

IV. Gebrauch des Artikels und der Präposition bei Eigennamen (auch Ländernamen)

Complétez les phrases suivantes:

39

1. J'ai obtenu une bourse pour passer un an . . . Etats-Unis.
2. Le premier ministre . . . Brésil s'est rendu en visite officielle . . . Allemagne.
3. . . . Rotschild sont une grande famille de banquiers.
4. . . . docteur Duval est un excellent médecin.
5. Je suis né . . . Normandie.
6. Mon oncle a une résidence secondaire . . . Périgord (männl.).
7. J'ai pris le bateau . . . Havre pour aller . . . Irlande.
8. . . . Pape Jean-Paul II a fait un voyage . . . Mexique.
9. . . . Saint Pierre a été le premier pape.
10. L'année prochaine, nous comptons aller . . . Egypte, peut-être aussi . . . Israël.

40

1. Il vient de sortir un film sur . . . Paris des années trente.
2. . . . Général de Gaulle a mis fin à la guerre . . . Algérie.
3. Nous avons passé nos vacances au bord . . . Méditerranée.
4. J'habite . . . Bavière, mais je suis originaire . . . Suisse.
5. La République Fédérale . . . Allemagne a des frontières communes avec . . . Pays-Bas.
6. L'équipe . . . France a battu l'équipe . . . Mexique par deux buts à un.
7. L'ambassadeur . . . Israël a remis une note de protestation au ministre des Affaires étrangères.
8. Après un séjour d'une semaine . . . Maroc, le président est parti aujourd'hui . . . Madagascar.
9. . . . Maréchal Pétain était le chef du «gouvernement de Vichy».
10. . . . Roi Louis XIV a beaucoup aidé Molière.

V. Gemischte Übungen

Traduisez:

41

1. Ich habe keine Lust.
2. Vergiß nicht, Brot zu kaufen!
3. Ist das Gold?
4. Frau Bouzigue hat einen gewissen Charme, aber auch gewisse Fehler *(défaut)*.
5. Dienstag morgen muß ich zum Zahnarzt.
6. Am 14. Juli feiern die Franzosen den Sturm auf *(la prise de . . .)* die Bastille.
7. Der Mai ist mein Lieblingsmonat.

8. Wir werden Anfang Juni mit dem Bau *(les travaux)* beginnen.
9. Sie ist eine gute Köchin *(cuisinière)*.
10. Kaiser Karl der Große soll die Schule erfunden haben.

142 1. Ich fahre zunächst in die Schweiz, dann nach Frankreich.
2. Ich finde Krokodile häßlich.
3. Mehl macht dick *(faire grossir)*.
4. Ich verstehe kein Spanisch.
5. Er ist ein guter *(brave)* Kerl *(type)*.
6. Letzte Woche bin ich jeden Tag nach Mitternacht ins Bett gegangen.
7. Letzten Sonntag bin ich erst um 3 Uhr nachmittags aufgestanden.
8. Ich hatte einen schweren Kopf.
9. Bouzigue sitzt *(être)* aus verschiedenen Gründen im Gefängnis.
10. Löwen sind Raubtiere *(fauves, m.)*.

16 Wie übersetzt man *so, wie* und *als*?

I. *genau so . . . wie . . .*

Traduisez:

43 1. Wir sind genauso klug (hier: *avancé*) wie vorher.
2. Grammatik ist nicht so spannend *(passionnant)* wie Fußball.
3. Ich mache mir genauso viele Sorgen wie du.
4. Er singt immer noch genauso schlecht wie vorher.
5. Der kleine Bouzigue ist genauso ungezogen *(mal élevé)* wie seine Schwester.
6. Auf dem Land sind die Mieten nicht so hoch *(élevé)* wie in der Stadt.
7. Ich arbeite genauso wenig wie du.
8. Ich arbeite genauso viel wie du.
9. Ist er wirklich so reich wie man sagt?
10. Es tut genauso weh wie vorher.

44 1. Obwohl wir auf der Autobahn gefahren sind *(prendre)*, haben wir fast genauso lange gebraucht *(mettre du temps)* wie letztes Jahr.
2. Heutzutage gibt es nicht so viele kinderreiche *(nombreux)* Familien wie früher.
3. Mit der Bahn kommt die Reise fast so teuer *(revenir cher)* wie mit dem Auto.
4. Ich werde so vorsichtig fahren wie ich kann (Futur)/oder: . . . wie möglich.
5. Du hast genauso viel Humor wie ein Totengräber *(croque-mort)*.
6. Er ist mir genauso böse wie dir.
7. In Frankreich schmeckt das Bier nicht so gut wie in Deutschland.
8. Mir ist genauso kalt wie vorher.
9. Ich habe nicht so viel Glück wie du.
10. Sie spricht nicht so gut französisch wie du.

II. *so . . . daß . . .; so daß . . .*

Traduisez:

45 1. Er ist so naiv, daß er ihr immer alles glaubt.
2. Er hat so viel Geld, daß er nicht weiß, wie er es ausgeben soll.
3. Auf dem letzten Faschingsball *(bal de carnaval)* war ich so gut verkleidet, daß mich niemand erkannt hat.

4. Auf dem letzten Faschingsball habe ich mir die Haare gefärbt *(teindre)*, so daß mich niemand erkannt hat.
5. Ich habe so viele Bananen gegessen, daß mir schlecht wurde *(avoir mal au cœur)*.
6. Ich hatte so viel Angst, daß ich mich nicht mehr rühren konnte *(bouger)*.
7. Bouzigue hat schon so viele Abenteuer erlebt *(avoir)*, daß er beschlossen hat, seine Memoiren zu schreiben.
8. Beim nächsten Faschingsball werde ich mich so verkleiden, daß mich niemand erkennen kann.
9. Ich war so überrascht, daß ich nichts geantwortet habe.
10. Sein Pulli ist beim Waschen so/dermaßen eingegangen *(rétrécir au lavage)*, daß er einem fünfjährigen Kind passen würde *(aller à . . .)*.

146

1. Ich habe so viel Arbeit, daß ich nicht mehr weiß, wo mir der Kopf steht *(où donner de la tête)*.
2. Bouzigue ist so zerstreut *(distrait)*, daß er neulich *(l'autre jour)* Salz in seinen Kaffee getan hat *(mettre)*.
3. Sie hat so/dermaßen abgenommen, daß ich sie nicht erkannt habe.
4. Ich kenne ihn erst seit ein paar Tagen, so daß ich Ihnen nicht viel *(pas grand-chose)* über ihn erzählen kann.
5. Diese Serie *(feuilleton)* hat so viel Erfolg gehabt, daß das Fernsehen beabsichtigt, sie bald zu wiederholen *(repasser)*.
6. Es hat so wenig geschneit, daß es unmöglich war, skizufahren.
7. Es hat seit Wochen nicht mehr geschneit, so daß man nirgends skifahren kann.
8. Es hat so viel geregnet, daß mehrere Straßen überflutet sind *(inonder)*.
9. Stellen Sie den Schalter *(bouton de commande)* so, daß der rote Pfeil nach oben zeigt *(être dirigé vers le haut)*.
10. Die Explosion war so heftig, daß in einem Umkreis *(rayon)* von zwei Kilometern alle Fensterscheiben zerbarsten *(voler en éclats;* Passé composé).

III. *So* am Satzanfang

Traduisez:

147

1. So funktioniert ein Dieselmotor *(moteur diesel)*.
2. So kann man das nicht erklären.
3. Die Luftverschmutzung nimmt *(prend)* in den Städten manchmal erschreckende *(alarmant)* Ausmaße *(proportions)* an. So mußte man *(il a fallu)* in Tokio entlang der Hauptstraßen *(grandes artères, f.)* Sauerstoffautomaten *(distributeur d'. . .)* anbringen *(installer)*.
4. So lebten die Leute damals am Hofe.

5. So ist es viel besser.
6. So hätte ich es bestimmt nicht gemacht.
7. Fernsehen ist die beliebteste Freizeitbeschäftigung *(distraction, f.* od. *passe-temps, m.)* in der heutigen *(actuel)* Gesellschaft. So verbringt der Durchschnittsdeutsche täglich zwei Stunden vor dem Bildschirm *(le petit écran).*
8. So wird die Mayonnaise gemacht *(on fait).*
9. So hatte ich es mir nicht vorgestellt *(s'imaginer).*
10. In einigen Städten der Bundesrepublik wird der Bürgermeister direkt vom Volk gewählt *(élire).* So kann es vorkommen *(arriver),* daß ein Kandidat gewählt wird *(on),* der im Stadtrat *(conseil municipal)* nicht über die Mehrheit verfügt *(ne pas avoir la majorité au . . .).*

IV. *Wie*

Traduisez:

48
1. Wie wollen Sie es beweisen?
2. Erklären Sie mir, wie Sie es beweisen wollen.
3. Wie teuer ist dieser Anzug?
4. Du kannst dir nicht vorstellen, wie sehr ich mich freue *(être content).*
5. Ich habe gehört, wie sie um Hilfe gerufen hat *(appeler au secours).*
6. Wie wichtig dieses Problem auch ist, man darf es nicht übertreiben.
7. Du kannst dir nicht vorstellen, wie wichtig es für mich ist.
8. Wie elegant du bist!
9. Ich habe gesehen, wie er das Gift in das Glas geschüttet hat *(mettre, verser).*
10. Die Stadt hat viele Sehenswürdigkeiten *(monuments intéressants)* wie z. B. das alte Rathaus aus *(qui date du)* dem 15. Jahrhundert und den Dom.

49
1. Wie unvorsichtig!
2. Wenn du wüßtest, wie sehr ich das bereue!
3. Als ich nach Hause ging, merkte ich, daß meine Brieftasche *(le portefeuille)* weg war.
4. Er hat uns behandelt, wie man Sklaven behandelt.
5. Wie du es auch machst, du schaffst (Futur) es nicht.
6. Ich wußte nicht, wie sehr ich an ihr hing *(tenir à* od. *être attaché à).*
7. Ich spürte, wie mein Kopf schwerer wurde *(s'alourdir).*
8. Wie lange soll das noch so weitergehen (*durer;* Futur proche)?
9. Wie naiv du bist!
10. Wie weit müssen wir *(il faut + INF)* übersetzen?

V. *Als*

Traduisez:

150 1. Mein Wagen verbraucht weniger Benzin als deiner.
2. Er hat auch eine bessere Straßenlage *(tenue de route)* als deiner.
3. Er kann besser französisch als italienisch.
4. Es sind mehr Leute gekommen *(il est venu . . .)* als erwartet *(prévu).*
5. Mein Wagen verbraucht weniger als 8 Liter auf 100 Kilometer *(aux cent kilomètres).*
6. Die Reise war diesmal anstrengender als sonst.
7. Ich habe nicht mehr als 300 Francs ausgegeben.
8. Ich mache mir nicht weniger Sorgen als du.
9. Wir haben mehr als zwei Stunden gebraucht.
10. Die Entfernung *(la distance)* war zu groß, als daß ich ihn hätte erkennen können.

151 1. Wir sind als erste benachrichtigt worden.
2. Das Leben als Soldat ist hart.
3. Ich spreche hier nicht als Minister, sondern als einfacher Bürger *(citoyen).*
4. Bouzigues Memoiren sind als Taschenbuch erschienen *(paraître).*
5. Er hat früher als Tellerwäscher *(plongeur)* in einem New Yorker Restaurant gearbeitet.
6. Zu Molières Zeiten wurden Schauspieler *(comédiens)* als Ketzer *(hérétiques)* behandelt.
7. Um nicht aufzufallen *(attirer l'attention),* hat sich Bouzigue als alte Frau verkleidet.
8. Dieses Medikament hat sich als gefährlich erwiesen.
9. Ich habe es als einziger gewußt *(Imparfait).*
10. Sehr geehrter Kunde! Als Dank für Ihr Vertrauen schicken wir Ihnen ein Bild unseres Generaldirektors *(Président-directeur général).*

152 1. Molière betrachtete die Ärzte als Scharlatane *(charlatan).*
2. Frankreich benutzt diese Insel als militärischen Stützpunkt *(base, f.).*
3. Diese Insel dient den Franzosen als militärischer Stützpunkt.
4. Er hat eine Stelle *(emploi)* als Nachtwächter *(veilleur de nuit)* abgelehnt.
5. Als Sohn eines Arbeiters fiel es ihm schwer *(avoir du mal),* sich in dieser neuen Welt zurechtzufinden *(s'habituer).*
6. Als Kind war er immer allein.
7. Ich habe sie als kleines Mädchen gekannt.
8. Wenn Ihre Bestellung [noch] vor dem 31. 1. eintrifft *(nous parvient),* erhalten Sie (Futur) als Prämie *(prime, f.)* eine wunderschöne Perlenkette *(collier)* aus echtem Plastik.

9. Als Belohnung für seine treuen *(loyal)* Dienste überreichte *(remettre)* ihm der Direktor im Namen des gesamten Personals eine goldene Uhr.

VI. Gemischte Übungen

Traduisez:

3 1. Soviel ich weiß, hat er Jura studiert.
2. Ich betrachte diesen Fall *(affaire)* als erledigt *(réglé)*.
3. Er hat mehr Feinde als Freunde.
4. Der Film ist so rührend *(émouvant)*, daß die Platzanweiserinnen *(les ouvreuses)* in der Pause *(l'entracte)* Taschentücher verkaufen.
5. Die Nachricht der Festnahme *(arrestation)* ihres Mannes hat Frau Bouzigue nicht so sehr mitgenommen *(bouleverser)* wie wir befürchtet hatten.
6. Die Verfolgung der Bankräuber *(auteurs du hold-up)* war (Passé simple) um so leichter, als zu dieser Stunde reger Verkehr herrschte *(il y avait)*.
7. Solange wir kein Kind haben, genügt uns eine Zwei-Zimmer-Wohnung.
8. Es waren so viele Leute da *(il y avait)*, daß wir keinen Platz bekommen haben *(avoir)*.
9. So eine Schande *(honte)*!
10. Ich sah, wie der Lastwagen auf uns zukam *(arriver* od. *foncer sur)*.

4 1. Es war *(il y avait)* so ein Lärm, daß man sein eigenes Wort nicht verstand *(ne plus s'entendre)*.
2. Mein Magen hörte nicht auf zu knurren *(faire du bruit)*, so hungrig war ich.
3. Wir haben nicht so viel Geld ausgegeben wie wir dachten.
4. In der Stadt sind die Mieten so hoch *(élevé)*, daß viele lieber auf dem Land wohnen.
5. Die Gewerkschaften fordern *(revendiquer)* sowohl eine Lohnerhöhung *(augmentation de . . .)* als auch eine Arbeitszeitverkürzung *(réduction; temps de travail* od. *durée du travail)*.
6. Er tut immer so, als ob er mich nicht kennen würde.
7. So stark er auch ist, ich fürchte ihn nicht.
8. Ich habe es so gemacht, wie ich es gelernt habe.
9. Die Polizei hofft, den Bankräuber *(l'auteur du hold-up)* bald fassen zu können *(arrêter, retrouver)*, um so mehr, als/zumal sie ein Bild von ihm besitzt.
10. Wie man sich bettet *(faire son lit)*, so liegt man (hier: *se coucher)*.

55 1. Soweit ich mich erinnere, haben sie ein Jahr nach uns geheiratet.
2. Das Haus muß *(a besoin)* noch renoviert werden *(rénover, remettre à neuf)*, aber wir nehmen es so, wie es ist.

3. Die Bemühungen *(efforts . . . pour . . .)* der Regierung, die Inflation zu bremsen, waren erfolgreich *(être couronné de succès,* Passé composé). So stiegen zum ersten Mal seit 10 Jahren die Preise nur um 3%.
4. Er bemüht sich immer so zu fahren, daß er sowenig Benzin wie möglich verbraucht.
5. Der Bundeskanzler ist immer noch krank, so daß seine Reise nach Frankreich abgesagt *(annuler)* werden muß.
6. General de Gaulle soll einmal *(un jour)* gesagt haben: «Wie kann man ein Land regieren, in dem es mehr Käsesorten *(fromages)* gibt als Tage im Jahr *(année)*?»
7. Obwohl er einen schweren *(grave)* Unfall gehabt hat, fährt er genauso schnell wie vorher.
8. Bouzigue hat heuer *(cette année)* nicht so viele Fußgänger überfahren *(écraser)* wie letztes Jahr.
9. Er hat nicht so viele überfahren wie letztes Jahr.
10. Der Anschlag *(attentat)* diente *(servir;* Passé composé) der Regierung als Vorwand, um die Meinungsfreiheit einzuschränken *(limiter)*.

156
1. Ich war so erschöpft, daß ich sofort eingeschlafen bin.
2. Ich bin sofort eingeschlafen, so erschöpft war ich.
3. Die beiden Staatschefs haben die wirtschaftlichen Beziehungen *(relations)* zwischen ihren Ländern sowie die Lage im Nahen Osten *(le Proche Orient)* erörtert *(discuter de, parler de)*.
4. So wie ich ihn kenne, hat er bestimmt den (seinen) Zug verpaßt *(manquer* od. *rater)*.
5. Ein Zeuge hat gesehen, wie die Gangster in ein Auto eingestiegen sind.
6. Als ich heimkam *(rentrer chez moi)*, merkte ich, daß die Tür aufgebrochen *(fracturer)* worden war.
7. So ein Durcheinander *(désordre, m.)*!
8. So etwas habe ich nie behauptet *(prétendre)*.
9. Er hat sich als Schwindler *(imposteur)* erwiesen *(s'avérer)*.
10. Ich bin als letzter eingestiegen *(monter)*.

17 Die Wortstellung

I. Stellung des Adjektivs

L'adjectif doit-il être antéposé (vorangestellt) ou postposé (nachgestellt)?

57 1. Il n'a qu'une chance (faible) de s'en sortir.
2. Vous avez eu une chance (sacrée) de ne pas être blessé.
3. Cette nuit, j'ai fait un rêve (mauvais).
4. Avant d'entrer au Collège d'Enseignement Secondaire, les élèves (faibles) passent un examen.
5. Dans la partie (inférieure) du jardin, il y avait une cabane (vieille).
6. Nous avons passé des moments (agréables) ensemble.
7. En Inde, il y a des vaches (sacrées).
8. Elle portait une robe (simple), mais élégante.
9. Bouzigue a creusé un trou (profond) dans lequel il a déposé la valise.
10. Vous êtes arrivé au moment (bon)!
11. A cette époque, il était encore soldat (simple).
12. Le commissaire a été chargé d'élucider une affaire (délicate).
13. J'ai dormi dans un lit (dur).
14. Il manifeste un mépris (profond) envers ses subordonnés.
15. Nous habitons à proximité d'une zone (grande, industrielle).
16. Je suis un habitué (vieux) de ce café.
17. Le gazon est jonché de feuilles (mortes).
18. Il a subi une défaite (dure).
19. Il me le reprochera au prétexte (moindre).
20. Le village ne compte qu'une centaine d'habitants pendant la saison (morte).

58 1. La municipalité a décidé d'assainir les quartiers (pauvres).
2. Nous vivons dans une époque (triste).
3. Selon les témoins, le voleur était un homme (maigre) d'une quarantaine d'années.
4. J'ai trouvé un calvados (vieux) à 150 francs la bouteille.
5. Ce chien (pauvre) est enfermé toute la journée dans le garage.
6. Elle adore regarder des films (tristes).
7. Nous avons obtenu des résultats (maigres).
8. C'est vraiment une coïncidence (curieuse)!
9. Avec ce temps (sale), on ne peut pas mettre le nez dehors.
10. Il était rempli d'une joie (immense).

11. Il mène une vie (simple).
12. Les infirmiers ont eu du mal à se frayer un chemin à travers la foule (curieuse).
13. Il a toujours des vêtements (sales).
14. Son bonheur n'a été que de durée (courte).
15. Elle portait une robe (longue) à manches (courtes).
16. Nous avons encore un chemin (long) à faire.
17. Il a dépensé des sommes (fortes) d'argent.
18. L'industrie (lourde) est en crise.
19. L'armée a subi des pertes (lourdes).
20. La course était rendue difficile par un vent (fort) qui soufflait en rafales.

159

1. C'est un fonctionnaire (haut) du ministère de l'Intérieur.
2. Elle porte des chaussures à talons (hauts).
3. Nous avons pris la direction (mauvaise).
4. Le ciel s'est couvert de nuages (gros, noirs).
5. Je n'ai pas l'idée (moindre) de ce que vous voulez dire.
6. L'histoire que je vais raconter est une histoire (vraie).
7. Il ne faut pas rester trop longtemps en soleil (plein).
8. J'ai le ventre (plein).
9. Il a un ventre (gros).
10. Ce type est un fou (vrai): il paraît qu'il s'amuse à apprendre le Petit Robert par cœur.
11. Je l'ai vu dans un état (triste). Il n'avait pas mangé depuis trois jours.
12. Je n'aime pas cet homme, c'est un type (sale).
13. L'aluminium est un métal (léger).
14. Elle était vêtue d'une robe (légère).
15. Avez-vous de la moutarde (forte)?
16. Il porte une responsabilité (lourde).
17. Il a une opinion (haute) de lui-même.
18. Il marche toujours la tête (haute).
19. Je n'ai apporté que des modifications (légères) au texte.
20. J'ai été réveillé par le bruit d'un objet (lourd) tombant sur le plancher.

160

1. As-tu un mouchoir (propre)?
2. Ne vous en faites pas, c'est une formalité (simple).
3. L'enquête a fourni des preuves (certaines) de la culpabilité de l'accusé.
4. Le ministre s'est contenté de prononcer une allocution (brève).
5. Je suis resté un moment (long) sans connaissance.
6. Je compte rester jusqu'à la semaine (dernière) d'août.
7. Je l'ai entendu de mes oreilles (propres).

8. La municipalité a l'intention de faire de la mairie (ancienne) une Maison des Jeunes.
9. La ville de Rouen comporte un grand nombre de monuments (anciens).
10. Je suis arrivé la semaine (dernière).

II. Stellung des Adverbs

1) Adverbien der Art und Weise und des Grades

Faut-il placer l'adverbe devant ou derrière le participe?

61 1. Tu as hésité (trop).
2. Nous avons travaillé (dur).
3. L'équipe de France a joué (bien).
4. Le public a réagi (bien mieux) que lors de la première représentation.
5. Nous sommes partis (séparément).
6. Tu as changé (rudement).
7. Le directeur m'a renvoyé (rudement).
8. L'opposition a critiqué (violemment) la politique économique du gouvernement.
9. Je l'ai compris (sans peine).
10. Je l'ai compris (à peine).
11. Il n'a eu (guère) le temps de s'en rendre compte.
12. Le garagiste a réglé (mal) l'allumage.
13. Il a chanté (encore plus mal) que d'habitude.
14. La ville a changé (peu).
15. La ville a changé (profondément).
16. Tu as dormi (profondément).
17. Il a refusé (net).
18. Il s'est exprimé (naturellement).
19. Nous nous sommes intéressés (moins) à ce problème.
20. Il s'est dérangé (exprès) (Er ist extra gekommen).

62 1. On nous a accueillis (froidement).
2. Il a travaillé (plus) que les autres.
3. Il a roulé (vite).
4. Il a compris (vite).
5. Nous avons cherché (vainement).
6. Nous avons cherché (en vain).
7. Son discours m'a impressionné (fort).
8. Le vent a soufflé (fort).
9. Le film m'a plu (beaucoup).

10. J'ai travaillé (assez) pour aujourd'hui.
11. Il a répondu (correctement) à toutes les questions.
12. Nous ne sommes pas partis (ensemble).
13. Elle s'est habillée (très simplement).
14. Le malfaiteur a blessé (grièvement) deux clients de la banque.
15. Vous avez agi (imprudemment).
16. Vous avez agi (légèrement).
17. La terre a tremblé (légèrement).
18. Vous avez deviné (juste).
19. Il a répondu (justement) à toutes les questions.
20. Je le lui ai dit (franchement).

163 1. Malgré le froid, ma voiture a démarré (normalement).
2. Nous en avons parlé (abondamment).
3. Avez-vous mangé (suffisamment)?
4. Avez-vous mangé (assez)?
5. M'avez-vous compris (bien)?
6. Vous n'avez pas compris (très bien).
7. J'ai dormi (moins bien) que la nuit dernière.
8. Il a défini (exactement) sa position.
9. Pourquoi avez-vous répondu (ainsi)?
10. La natalité a baissé (fortement).
11. Il l'a serrée (fortement) contre son cœur.
12. Il nous a traités (insolemment).
13. Je l'ai fait (par mégarde).
14. J'ai compris (à peine) ce qu'il disait.
15. Vous vous êtes inquiétés (trop).
16. Le film ne m'a pas plu (autant) que le roman.
17. Il a risqué (gros).
18. Il a réussi (brillamment) ses études.
19. Nous avons toujours procédé (empiriquement).
20. Les deux chefs d'Etat se sont entretenus (longuement).

2) Umstandsadverbien

Faut-il placer l'adverbe devant ou derrière le participe?

164 1. Etes-vous allés (loin)?
2. Il a oublié (encore) de faire sortir le chat!
3. Nous nous sommes retrouvés (là-bas).

4. Je vous ai cherché (partout).
5. Je ne vous ai trouvé (nulle part).
6. Je lui ai demandé (toujours) son avis.
7. Il est arrivé (fréquemment) en retard.
8. J'ai compris (tout de suite) que je m'étais trompé.
9. Il a marché (vite).
10. Les groupes interdits se sont reconstitués (vite) sous d'autres noms.
11. Nous avons connu (parfois) des difficultés considérables.
12. Je l'ai confondu (souvent) avec son frère.
13. Nous avons attendu (longtemps).
14. J'ai collectionné (longtemps) les timbres-poste.
15. Nous avons décidé (finalement) de rester.

65
1. Tu as compris (enfin)!
2. Etes-vous venu (déjà, ici)?
3. Cela vous a plu (là-bas)?
4. Nous avons pris (pourtant) toutes nos précautions.
5. J'ai pensé (aussitôt) qu'il s'agissait d'une blague.
6. Nous avons reçu (constamment) des lettres de menace.
7. Je suis arrivé (hier).
8. Nous l'avons perdu (brusquement) de vue.
9. Il nous a renvoyés (brusquement).
10. La police est intervenue (rarement).
11. Je me suis levé (tôt).
12. Je vous ai reconnu (immédiatement).
13. Etes-vous restés (quand même)?
14. Etes-vous restés (longtemps)?
15. Il a négligé (longtemps) ses études.

3) Modaladverbien (allein oder kombiniert mit anderen Adverbien)

Mettez le ou les adverbe(s) à la place qui convient (devant ou derrière le participe et dans le bon ordre quand il y a plusieurs adverbes):

66
1. Il a manqué (sûrement) son train.
2. J'ai touché (naturellement) une indemnité.
3. Vous vous êtes trompé (peut-être) d'adresse?
4. Je m'en suis rendu (heureusement) compte tout de suite.
5. L'expérience a réussi (effectivement).
6. Il n'a rien compris (manifestement).

7. Tu as travaillé (sans doute, trop).
8. Nous sommes restés (bien sûr, ensemble).
9. Il ne l'a pas fait (probablement, exprès).
10. J'ai compris (malheureusement, à peine) ce qu'il disait.
11. L'équipe de France a joué (incontestablement, très bien).
12. Il avait deviné (heureusement, juste).
13. La ville a changé (apparemment, peu).
14. Il ne roulait pas (heureusement, vite).

167

1. Nous avons prévenu (bien sûr, tout de suite) la police.
2. J'ai pris (heureusement, toujours) mes précautions.
3. Nous avons cru (effectivement, longtemps) qu'il nous en voulait.
4. Vous avez attendu (certainement, longtemps).
5. Il a oublié (sans doute, encore) de vous le dire.
6. Il est parti (probablement, déjà).
7. Il ne l'a trouvé (peut-être, nulle part).
8. J'aurai terminé (vraisemblablement, bientôt).
9. Nous y sommes allés (certes, quelquefois).
10. Bouzigue a été arrêté (bien *«tatsächlich»*, hier).
11. Il ne nous a posé (curieusement, jamais) de questions.
12. Vous êtes arrivé (sans doute, trop tard).
13. Je lui ai demandé (évidemment, d'abord) la permission.
14. Le film sortira (sans doute, prochainement).

4) Adverbien am Satzanfang

Les adverbes entre parenthèses peuvent-ils rester en tête de la phrase? Si ce n'est pas le cas, mettez-les à la bonne place.

168

1. (Franchement) je lui ai dit ce que j'en pense.
2. (Franchement) il est allé un peu loin.
3. (Evidemment) il n'y a encore pas pensé.
4. (Exactement) il a décrit la situation.
5. (Incontestablement) il a fait tout son possible.
6. (Peut-être) le temps s'améliorera.
7. (Très tôt) je me couche toujours.
8. (Toujours) je me couche très tôt.
9. (Très tôt) on s'est aperçu que la loi avait des répercussions néfastes sur l'économie.
10. (Manifestement) il avait bu.

11. (Jamais) je ne l'oublierai.
12. (Moins) j'y pense déjà.
13. (Moins) on boit, (moins) on a soif.
14. (Alors «*in diesem Fall, dann*») nous attendrons.
15. (Alors «*damals*») il avait tout juste vingt ans.
16. (Correctement) il a répondu à toutes les questions.
17. (Encore) il a oublié de faire sortir le chat.
18. (Apparemment) il n'est toujours pas marié.
19. (Autant) je n'ai encore jamais ri.
20. [Nous avons dû le retenir,] (tant) il était furieux.

169 1. (Très bien) j'ai dormi.
2. (Séparément) nous sommes partis.
3. (Plus) il gagne que l'année dernière.
4. (Plus) on fait du ski, (plus) on a envie d'en faire.
5. (Naturellement) il a encore raté son train.
6. (Naturellement) il s'est exprimé.
7. (Curieusement) il a accepté.
8. (Pourtant) je l'avais prévenu de ne pas y aller.
9. (Hier) je suis arrivé.
10. (Hier) j'étais encore à Paris.
11. (A peine) l'avion avait décollé que l'un des réacteurs prit feu.
12. (A peine) j'ai eu le temps de lui parler.
13. (Justement) il n'a pas répondu.
14. (Ensemble) nous sommes restés.
15. (Certes) ce n'est pas commode.
16. (Curieusement) il nous a examinés.
17. (Sans doute) les cambrioleurs étaient des professionnels.
18. (Nulle part) je n'ai vu autant de monde.
19. (Bien entendu) je vous ferai signe dès qu'il y aura du nouveau.
20. (Beaucoup) nous n'avons pas mangé.

170 1. (Très vite) il a marché.
2. (Très vite) la manifestation s'est transformée en émeute.
3. (Certainement) il a manqué son train.
4. (Heureusement) personne ne m'a vu.
5. (Longtemps) la séance n'a pas duré.
6. (Pendant longtemps) nous avons été sans nouvelles de lui.
7. (Longtemps) nous avons été sans nouvelles de lui.
8. (Tout de suite) les gens sont sortis dans la rue.
9. (Brusquement) la voiture a dérapé.

10. (Brusquement) il nous a traités.
11. (Sans doute) sa famille s'opposera à ce mariage.
12. (Légèrement) les prix ont augmenté.
13. (Loin) je ne suis pas allé.
14. (Très loin), à l'horizon, on apercevait les contreforts des Pyrénées.
15. (Excellemment) ils ont joué.
16. (Aussi «*daher*») le commissaire décida d'attendre.
17. (Peut-être) ton frère voudra venir aussi.
18. (Effectivement) il est revenu me voir trois jours plus tard.
19. (Auparavant) il avait travaillé dans le commerce.
20. (Là-bas) il fait toujours beau.

III. Stellung der Satzglieder

1) am Satzanfang

Placez les membres de phrase imprimés en italique (kursiv) en tête de la phrase si c'est possible et sans utiliser la mise en relief «c'est . . . qui/que».

171 1. Je vais *en France* la semaine prochaine.
2. Les mouvements séparatistes sont plus actifs *en Corse* qu'en Bretagne.
3. Il a bien voulu me recevoir *malgré l'heure tardive.*
4. J'ai acheté *cette table* au marché aux puces.
5. Je tiens beaucoup *à ce livre.*
6. Il n'a été qu'une seule fois *champion d'Europe.*
7. Je me lève tous les jours *à six heures.*
8. Je me lève *tous les jours* à six heures.
9. Il fait *du théâtre* depuis cinq ans.
10. Vous irez plus vite *en passant par Reims.*
11. Je suis arrivé en retard *à cause du verglas.*
12. Je suis arrivé *en retard* à cause du verglas.
13. Il est désagréable de circuler *aux heures de pointe.*
14. La crise gouvernementale va *certainement* encore durer quelque temps.
15. Je n'oublierai jamais *cette journée.*
16. Je n'ai pas pu *tout* voir.
17. Je veux bien admettre *qu'il ne l'a pas fait exprès.*
18. Je n'aurais pas pu faire *mieux.*
19. Les coupables ont été arrêtés *quelques jours plus tard.*
20. J'irai *plus tard.*

72 1. N'oublie pas d'éteindre la lumière *avant d'aller te coucher.*
2. J'ai dormi *dix heures.*
3. Je vais deux fois par semaine *au cinéma.*
4. Je vais *deux fois par semaine* au cinéma.
5. Ceux qui trouvent laid le complexe de la Défense sont *nombreux.*
6. L'accusé bénéficiera *peut-être* des circonstances atténuantes.
7. Le ministre égyptien a été accueilli *à sa descente d'avion* par son homologue français.
8. Il a beaucoup *d'idées.*
9. J'aimerais vous demander *quelque chose.*
10. Je doute *qu'il soit innocent.*
11. Il n'a pas *beaucoup* neigé.
12. Il est né *au mois d'avril.*
13. Nous sommes restés une semaine *en Sardaigne.*
14. La vitesse est limitée à 130 km/h *sur les autoroutes françaises.*
15. Je vous ferai signe *dès qu'il y aura du nouveau.*
16. Il y a longtemps que je connais *Bouzigue.*
17. Il y a longtemps que je sais *ça.*
18. La séance a duré *six heures.*
19. J'ai habité cinq ans *à Paris.*
20. Tu n'as *rien* compris.

73 1. Les comédiens étaient considérés comme des hérétiques *du temps de Molière.*
2. J'ai jeté *le rôti* à la poubelle.
3. J'arriverai *dans le courant de la semaine prochaine.*
4. Il se fait toujours *des soucis.*
5. Je crois *qu'il le regrette.*
6. Je ne lui pardonnerai jamais *cela.*
7. Il a *malheureusement* changé d'avis.
8. Des bombes ont explosé *à plusieurs reprises* dans des grands magasins.
9. On ne peut pas vivre *sans amour.*
10. Je sais bien *que c'est la seule possibilité.*
11. Je n'ai pas osé *l'inviter à danser.*
12. Je me souviendrai toujours de *cette journée.*
13. Je n'ai jamais joué *au tennis.*
14. Le meurtrier n'était *sans doute* pas seul.
15. La fièvre avait déjà sensiblement baissé *le lendemain.*
16. La vie est devenue insupportable *en ville.*
17. Je ne l'ai pas revu une seule fois *depuis l'année dernière.*
18. J'ai descendu *la bière* à la cave.

19. On cultive surtout des céréales *dans cette région.*
20. J'ai attendu *trois heures.*

2) die Struktur mit unpersönlichem *il*

Transformez les phrases suivantes en utilisant la structure impersonnelle avec «il»:

174 1. Deux colis sont arrivés pour vous.
2. Des difficultés imprévues sont apparues.
3. Quelques doutes subsistent dans mon esprit.
4. De nombreux accidents se sont déjà produits dans ce virage.
5. Quelque chose va se passer.
6. Plus de 1000 spectateurs sont venus.
7. Plus de 10 000 logements ont été construits.
8. Des comités de défense des citoyens se sont créés un peu partout.
9. Il y a encore (→ rester) deux morceaux de gâteau au frigidaire.
10. Il y a (→ exister) des procédés moins coûteux.

3) die Hervorhebung durch *c'est . . . qui/que*

Mettez en relief les membres de phrase imprimés en italique (kursiv) là où c'est possible.

175 1. J'ai fait sa connaissance *à Paris.*
2. *Je* viendrai te chercher.
3. Je préfère *les voitures de sport.*
4. *La boîte de vitesses* a lâché.
5. Il viendra *certainement.*
6. *Elles* ont commencé à critiquer.
7. Je ne comprends pas *ça.*
8. *Tu* me l'as dit.
9. *Nous* en avons profité le plus.
10. Je *vous* ai posé la question.
11. *Vous* vous êtes trompé.
12. Je parlais *de vous.*
13. Il a été assassiné *dans son appartement.*
14. Tu es *méchant!*
15. Je me suis coupé *en épluchant les pommes de terre.*

176 1. Il *m*'en a parlé.
2. *Vous* me l'avez proposé.

3. Il est *peut-être* malade.
4. Il lave sa voiture *trois fois par semaine.*
5. *Sa coiffure* ne me plaît pas.
6. *Je* m'en suis rendu compte.
7. *Ils* sont arrivés les premiers.
8. Je *te* le demande.
9. Je m'*en* souviens le mieux.
10. J'*y* pense.
11. Je l'ai invité *pour l'apéritif et non pour dîner.*
12. Ils se sont mariés *en 1962.*
13. *Qu'il ne nous ait rien dit* est surprenant.
14. Il n'a pas mangé *assez.*
15. Je me méfie *de lui.*

4) die Satzsegmentierung

Transformez les phrases suivantes en phrases segmentées.
← *signifie: le membre de phrase imprimé en italique doit être placé en tête de phrase.*
→ *signifie: le membre de phrase imprimé en italique doit être placé en fin de phrase.*
Exemple: Je connais *Obélix* (←) : **Obélix, je le connais.**
Je connais *Obélix* (→) : **Je le connais, Obélix.**

177 1. Je vais une fois par an *en France* (←).
2. Je n'ai toujours pas retrouvé *mes clés* (←).
3. *Ce disque* (→) est formidable!
4. Je ne *le* (←) connais pas.
5. *Nous* (←) avons bien ri.
6. *Ce type* (→) m'agace.
7. *Ça* (→) ne me plaît pas du tout.
8. *Ces gens-là* (←) ne pensent qu'à s'amuser.
9. *Ta voiture* (→) fait un drôle de bruit.
10. Vous voulez encore *des pommes de terre* (→)?
11. J'ai déjà vu *cette fille-là* (←) quelque part.
12. *Je* (→) n'en sais rien!
13. *Ils* (→) peuvent se le permettre.
14. Je ne *t'* (←) ai rien demandé.
15. C'est Pierre qui a pris *cette photo* (←).

178 1. Il ne faut pas laver *la voiture* (→) avec de l'Ajax!
2. Je trouve *ton amie* (→) très sympathique.
3. Je ne regarde *la télévision* (←) que le dimanche.

4. *Les Romains* (→) sont fous!
5. Vous avez eu *de la chance* (→)!
6. *Mon père* (←) vient de s'acheter une Porsche.
7. *Tes photos* (→) ne sont pas très réussies.
8. *C'* (←) est déjà mieux.
9. C'est à six heures que je dois aller chercher *la voiture* (←).
10. *Je* (←) vais rarement *au cinéma* (→).
11. *Ils* (←) sont déjà allés *en Amérique* (→).
12. *Vous* (→) jouez souvent *à la belote* (→)?
13. *Vous* (→) avez *de l'argent* (→)?
14. *Elle* (←) sait bien faire *les frites* (→).
15. *Tu* (→) as déjà mangé *des huîtres* (←)?

5) die Mitteilungsperspektive

Traduisez en essayant autant que possible d'utiliser les structures suivantes: inversion, «il» impersonnel, passif, mise en relief par «c'est . . . qui/que», segmentation. Les phrases allemandes s'entendent avec une accentuation neutre.

179

1. In einem fernen Land lebte eine häßliche Prinzessin, die sich in ihrem Schloß langweilte.
2. Eines Tages kam *(arriver)* ein böser Wolf, der sie auffraß *(dévorer).*
3. Wenige Stunden später starb der böse Wolf.
4. Den Gesetzesentwurf *(le projet de loi)* haben sowohl die Gewerkschaften als auch der Arbeitgeberverband *(le conseil du patronat)* kritisiert.
5. Diesen Vorschlag haben die Gewerkschaften gemacht.
6. 1979 fanden die ersten direkten *(au suffrage direct)* Europawahlen *(. . . européennes)* statt.
7. Morgen findet die Kundgebung *(la manifestation)* nicht statt.
8. Eine Woche später geschah *(se produire)* ein neuer Anschlag *(attentat).*
9. Diesen Vorschlag haben die Gewerkschaften abgelehnt.
10. In diesem Krankenhaus werden jährlich über 3000 Kranke behandelt *(soigner).*
11. In diesem Krankenhaus werden die Patienten mit einer völlig neuen Therapie behandelt.
12. 1950 brach ein Bürgerkrieg *(une guerre civile)* aus *(éclater).*
13. Zwei Jahre später griff der Krieg auf das ganze Land über *(s'étendre à).*
14. Gestern nachmittag ereigneten sich *(se produire)* zwei schwere Unfälle auf der Autobahn A7.
15. Sein Haus hat er allein gebaut.
16. Dieses Stadion wurde mit unseren Steuern gebaut.

18 Gemischte Übungen

Traduisez:

80 1. Ich bin immer noch nicht sicher, ob ich diese Stelle *(poste)* bekommen werde *(obtenir).*
2. Ich finde es erstaunlich, daß er nie etwas von uns verlangt hat *(demander).*
3. Der Nebel war so dicht, daß der Schiedsrichter *(arbitre)* beschloß, das Spiel *(match)* abzubrechen *(arrêter).*
4. Bouzigue soll nicht weniger als zehn Sparkassen ausgeraubt *(dévaliser)* haben.
5. Die Fabrik wurde durch eine Explosion zerstört (Passé composé), deren Ursache noch unbekannt ist *(on ignore).*
6. Ich gebe zu *(admettre),* daß nicht alles, was wir ausstellen *(exposer),* hervorragend ist.
7. Nach *(au bout de)* zwei Wochen hatten wir nur noch sehr wenig Geld. So mußten *(être obligé,* Passé composé) wir früher heimkehren/fahren *(rentrer).*
8. Erst zwei Jahre später wurde ihm klar *(comprendre,* Passé composé), daß er einen schweren Fehler begangen hatte *(commettre).*
9. Auch *(aussi)* Finanzbeamte *(fonctionnaires des impôts)* sind verpflichtet *(tenu),* Steuern zu zahlen.
10. Was immer geschieht, ich bleibe bei dir.
11. Warum will mich der Direktor sprechen? (keine *est-ce que*-Frage)
12. Nur die Zeitung «Le Monde» hat davon berichtet *(en faire état).*
13. Wollen wir Karten spielen?
14. Was beunruhigt Sie *(préoccuper)*?
15. Wenn Sie nicht genug Geld bei *(sur)* sich haben, werde ich Ihnen welches leihen.

81 1. Ich verstehe nicht, wie man Kinder hassen *(détester)* kann.
2. Es wird sicherlich nicht leicht sein, dieses Auto zu verkaufen. Ein Schrotthaufen *(tas de ferraille)* wäre leichter zu verkaufen.
3. Ich habe keine Ahnung, wann er nach Hause gekommen ist.
4. Ich habe gehört, wie sie es *(le)* ihm vorgeworfen hat.
5. Trotz der Geschwindigkeitsbegrenzung *(limitation de vitesse)* ereignen sich *(se produire* mit unpers. *il)* genauso viele Unfälle wie früher *(auparavant).*
6. Er hat es abgelehnt, sich uns anzuschließen *(se joindre).*
7. Wir haben nur noch ein paar Kartoffeln. – Dann kaufe welche!
8. Der Mechaniker hat behauptet, mein Wagen sei nicht mehr zu reparieren.
9. Wie lange warten Sie [schon] auf den Bus?

10. Damals *(alors)* war sie erst 18.
11. Es ist erstaunlich, welche Fortschritte er seit dem letzten Jahr gemacht hat.
12. Ich bitte Sie um Verzeihung, daß ich Sie gestört habe.
13. Ein Glück *(heureusement que),* daß ich daran gedacht habe, die Fenster zu schließen!
14. Es ist etwas geschehen, womit niemand gerechnet hatte *(s'attendre,* Imparfait).
15. Sie hat uns fast alles erzählt, was wir wissen wollten, aber eines wollte sie (Passé composé) uns nicht verraten *(révéler):* ihr Alter.

182 1. Obwohl sich mehr als zehn Personen im Wohnzimmer befanden *(se trouver),* ist ein Einbrecher *(cambrioleur)* ins Haus eingedrungen *(pénétrer),* ohne daß jemand es gemerkt hat *(remarquer).*
2. Sie haben kein Bier mehr, möchten Sie noch eins *(autre)*?
3. Er hat behauptet, er habe nie davon gehört *(entendre parler).*
4. Jemand möchte Sie sprechen. – Lassen Sie ihn herein *(faire + entrer)*!
5. Ich hätte dieses Auto nicht gekauft, wenn ich gesehen hätte, daß es schon mehr als 100 000 km gefahren ist *(faire).*
6. Wie kommt es *(comment se fait-il),* daß niemand uns etwas gesagt hat?
7. Ich wundere mich, daß ich dieses Jahr sowenig Steuern gezahlt habe.
8. Alte Leute werden leider zu oft als eine Last *(une charge)* betrachtet.
9. Sie bildet sich ein *(se figurer, que-*Satz oder Infinitivanschluß), daß sie keine Fehler *(défaut)* hat.
10. Es gelingt ihm immer, sich so auszudrücken, daß niemand weiß, was er wirklich denkt.
11. Kaum hatte man mit dem Bau der Schule angefangen *(commencer* + Inf.), als ein Erdrutsch *(glissement de terrain)* das Fundament *(les fondations)* zerstörte. So konnte die neue Schule erst (nicht mit *seulement* übersetzen!) am Ende des folgenden Jahres eingeweiht *(inaugurer)* werden.
12. Wir verfehlten *(manquer)* die Ausfahrt *(sortie),* so daß wir eine ganze *(tout)* Stunde verloren.
13. Hoffentlich *(espérer* + Inf.) muß *(avoir à* od. *devoir)* ich es Ihnen nicht noch einmal sagen *(redire).*
14. Die Untersuchung *(enquête)* hat nichts ergeben *(apporter),* was nicht schon bekannt wäre.

183 1. Wahrscheinlich *(sans doute)* hat der Hausmeister nichts gemerkt *(se rendre compte).*
2. Diese neue Siedlung *(cité)* ist ein gutes Beispiel dafür, wie man Wohngebiete *(zones d'habitation/résidentielles)* menschlicher machen kann.
3. Nur den nahen Verwandten der Angeklagten wurde es erlaubt (Passivsatz), dem Prozeß beizuwohnen *(assister).*

4. Solange er alles tut, was ich von ihm verlange *(demander),* bin ich zufrieden.
5. Er hat gesagt, er brauche Geld, weil ihm seine Brieftasche *(portefeuille)* gestohlen worden sei. Natürlich habe ich ihm sofort *(tout de suite)* welches gegeben.
6. Ich bin froh, daß ich eine so tüchtige *(consciencieux)* Sekretärin gefunden habe. Ich könnte nicht auf sie verzichten *(renoncer).*
7. So habe ich zwei Jahre gelebt. Bald (Verb + Infinitiv) aber habe ich den Komfort vermißt *(regretter).*
8. Ich bin der Meinung *(être d'avis que),* wir sollten morgen weitermachen *(continuer):* ich werde langsam (Verb + Inf.) müde.
9. Süßigkeiten *(bonbons)* sind schlecht für die Zähne. Gib ihm keine mehr!
10. Er fragte (Passé composé) die Leute, was geschehen sei *(arriver).* Man sagte ihm (Passé composé), ein kleiner Junge sei ins Wasser gestürzt *(tomber à l'eau).* Er zögerte keinen Augenblick *(instant)* und sprang in den Fluß *(sauter, plonger).*
11. Die Diebe hatten sich als Handwerker (hier: *ouvrier*) verkleidet, so daß sie nicht auffielen *(attirer l'attention,* Passé composé).
12. Was hat Sie veranlaßt *(amener),* einen Spieler zu verpflichten *(engager),* dessen Ruf *(réputation)* nicht gerade *(très)* gut ist?
13. Daß er immer Entscheidungen getroffen hat, ohne sie mit jemandem zu erörtern *(en parler),* ist einer der Gründe, warum ihm gekündigt wurde *(renvoyer qn.).*
14. Offen gesagt *(franchement)* verstehe ich nicht, warum Sie sich beklagen. Ich kenne viele, die froh wären, an Ihrer Stelle *(place)* zu sein.

84

1. Dieser Beruf setzt natürlich voraus *(supposer),* daß man bereit ist, eine gewisse Verantwortung *(responsabilités* – Plural) zu übernehmen *(assumer).*
2. Während meines Aufenthaltes im Ausland habe ich vieles gelernt, was ich später vielleicht brauchen werde *(avoir besoin).*
3. Er hat es auch nicht gewagt, ihn darum zu bitten *(demander).*
4. Ich finde, es wäre besser, niemandem etwas zu sagen.
5. Es ist sicherlich zu bedauern, daß ein so talentierter *(talentueux)* Regisseur nur noch für das Fernsehen arbeitet.
6. Ich hatte nicht erwartet *(s'attendre,* Imparfait), daß mehr als hundert Zuschauer kommen (mit *il y a).*
7. Du wirst ihn kaum überreden können (Verb + Inf.), sein Vorhaben aufzugeben *(abandonner).*
8. Die Polizei vermutet, daß die Terroristen diese Wohnung als Kommandozentrale *(quartier général)* benutzten *(se servir).*
9. Ich habe gerade (Verb + Inf.) die Dias *(les diapositives)* bekommen. – Laß mich sie sehen *(faire)*!
10. Ich finde, daß du dich stark *(rudement)* verändert hast.
11. Ich schätze *(estimer),* daß er mehr Chancen hat als alle anderen.

12. Die Architekten kümmern sich *(se préoccuper)* leider nicht darum, wo die Kinder spielen sollen (Futur).
13. Erst 1978 knüpften *(engager)* beide Länder diplomatische Beziehungen *(relations)*.
14. Es wird uns nicht gelingen, diesen Plan zu verwirklichen, wenn wir nicht Tag und Nacht daran *(y)* arbeiten (präpositionaler Ausdruck + Inf., Bed. von «es sei denn»).
15. Wenn wir uns ständig (präpositionaler Ausdruck + Inf., Bed. von «durch vieles Überlegen») überlegen, wie wir [es] machen sollen, werden wir schließlich (Verb + Inf.) nichts unternehmen.

Wort- und Sachregister

Abkürzungen:

ADJ	Adjektiv	COND	Conditionnel	MOD	Modus
ADV	Adverb	IND	Indicatif	SUBJ	Subjonctif
ART	Artikel	INF	Infinitif	SUBST	Substantiv

Verweissystem:

112	=	Übung 112
112/3	=	Übung 112, Satz 3
112/3–5	=	Übung 112, Satz 3 bis Satz 5
112–114	=	Übung 112 bis Übung 114

J

K

L

P